BSRC
北京斯拉夫研究中心
Beijing Slavic Research Center
Пекинский центр славистики
北京斯拉夫评论
BEIJING SLAVIC REVIEW
ПЕКИНСКАЯ СЛАВИСТИКА
第2辑
VOLUME 2
ВЫПУСК 2

语言中的人与世界

HUMAN BEING AND THE WORLD IN LANGUAGE

ЧЕЛОВЕК И МИР В ЯЗЫКЕ

隋然 主编
Edited by Sui Ran
Под ред. Суй Жань

人民东方出版传媒
People's Oriental Publishing & Media
東方出版社
The Oriental Press

编者的话

ОТ СОСТАВИТЕЛЯ

EDITOR'S WORDS

西方语言哲学传统经历了三个历史发展阶段，并表现为三个基本特征：

一、思维是存在之家（古代），“存在者是，不存在者不是”（巴门尼德）。存在的东西可由“是”表述，不存在的东西不可由“是”表述。用思维、理性、语言、表述来代替客观存在本身，是古希腊哲学的一个根本特征，也即逻各斯（logos）的三种意义：自然之道（laws），逻辑理性思维（logic），言说（dialogue）。

二、语言是思维之家（近代），“我思故我在”或“我思故我是”（笛卡儿）。思维是存在的充分必要条件，这就是所谓“思维与存在的同一”，也即“一个民族的语言就是他们的精神，一个民族的精神就是他们的语言”（洪堡特）。

三、语言是存在之家（现代），“语言是存在的家园”或“语言是存在之家”（海德格尔）。主体与客体之间，主观与客观之间存在着一种中介，这就是语言或符号世界。客观存在是语言的“指称”，心灵或意识则是语言的“意义”，也即“我的语言的界限就意味着我的世界的界限”（维特根斯坦）。

以语言哲学为视角分析语言意义，可以划分出语言意义的四个基本定义：（1）意义是世界；（2）意义是事实；（3）意义是事物；（4）意义是用法。所谓“意义是世界”模式表现为语句的“主体—述谓”（субъект-предикат）结构，具有普遍性；所谓“意义是事实”模式表现为语句的“谓词—谓项”（предикат-аргумент）结构，具有情境性；所谓“意义是事物”模式表现为词汇的指称性；所谓“意义是用法”模式表现为言语单位（语句）的交际性。

在语言意义问题研究的各个历史阶段，这四个基本模式或范畴依次出现，各有侧重，并彼此补充，相互交叉。总体上看，“意义是世界”和“意义是事物”是在古希腊时期（亚里士多德）产生的经典范畴，而“意义是事实”和“意义是用法”则是在20世纪（维特根斯坦）明确形成的相对较新的范畴。

从历史发展情况看，语言哲学可以划分出三种形式：（1）语义形式的语言哲学，也即所谓的“名称哲学”，分析语言名称与世界的关系，揭示语言的指称功能（“意义是事物”）；（2）句法形式的语言哲学，或可称为“述谓哲学”，其核心是命题和判断中的事实，并以句法形式反映语言表达与语言世界观之间的联系（“意义是事实”）；（3）语用形式的语言哲学，或可称为“自我中心词哲学”，将语言与言语主体相联系，强调语言逻辑分析中的主观因素（“意义是用法”）。

20世纪以来，人类自然语言的研究得到了迅速发展，语言哲学对此发挥了决定性和先导性作用，不断提出了新概念、新范畴，强化了语言学理论研究的创新思维。当下的语言意义认知研究趋势促使语言学界必须解决语言意义范畴研究的基础性问题，将语言意义的各种基本范畴在予以区分的同时，还要予以综合，从而形成语言意义理论研究的整体论框架。

《北京斯拉夫评论》正是基于这一人类思想的发展线索及其

在语言哲学和语言学研究中的理论体现，推出了第二辑《语言中的人与世界》。北京斯拉夫研究中心于 2017 年 10 月 25—26 日在首都师范大学（北京）举办了“语言中的人与世界”国际学术研讨会，中俄两国数十位著名语言哲学家和语言学家与会，就语言哲学和语言学领域相关理论与实践问题展开研讨，取得了显著的学术成果。本辑选取收录了部分俄罗斯和国内著名语言哲学家、俄语语言学家以及优秀青年学者的会议论文共计 16 篇，内容涵盖语言哲学与语言意义、语言哲学与语言文化学、语言世界概念化、语言世界图景、语言个性、系统功能语言学、句法语义、元话语功能、指称理论与称名、言语行为以及文学语言学等当下最重要的研究课题和领域，覆盖面和深度并举，代表了当下俄语语言学界的研究现状和水平。

隋　然

目录

СОДЕРЖАНИЕ

CONTENTS

Двойственность лингвоисториографической оценки в истории советского и российского языкознания (на примере жизни и деятельности Н. Я. Марра)

Виктория Михайловна Костева

Как любая наука, существующая в современном обществе, языкознание имеет свою историю, изучение которой является предметом такой отрасли, как лингвоисториография. Изначально основной акцент лингвоисториографического описания традиционно ставился на историческом представлении фактов и событий, что подразумевало использование традиционного инструментария историографии—представление научных направлений развития лингвистики, фиксированного определенными хронологическими рамками. Развитие философской мысли, возникновение новых парадигм научного знания и междисциплинарные исследования потребовали переосмысления и разработки новых критериев исторического описания. Альтернативным способом стал нарративный метод, использование которого в истории лингвистики было заложена в начале 80-хх гг. прошлого века.

Распространение идей нарративной лингвоисториографии связано, прежде всего, с именем немецкого ученого Петера Шмиттера(P. Schmitter) (1943—2006). В его концепции нарративность представляет собой основную структуру истории лингвистики и является многоуровневым образованием, включающим в себя антропологический, историко-логический и текстуальный уровень.① В соответствии с нарративностью в лингвоисториографии специалист в этой области работает как с персоналиями, так и с текстами, используя при этом сведения об исторической обстановке в определенный исторический период, о ее закономерностях. Важными принципами работы при нарративном подходе являются реконструкция фактов, их отбор на основании точности и достоверности выбранных источников, что позволяет добиться объективности научного анализа.

В нашем диссертационном исследовании, посвященном изучению лингвистики в тоталитарных государствах, для которой мы используем специальный термин—«тоталитарная» лингвистика, мы попытались реализовать нарративный подход для описания ее как целостной системы, механизмы которой порождаются тоталитарной идеологией. Применение нарративного подхода позволяет, на наш взгляд, во-первых, воссоздать объективную картину состояния и развития лингвистики в тоталитарных государствах; и, во-вторых, сформировать концептуальную картину лингвофилософии прошлого века, описав теоретические воззрения и концепции ученых на фоне совокупности культурно-исторических, философских, социально-экономических, эстетических взглядов и установок, свойственных тоталитарной эпохе. Говоря о «тотали-

① Ehlers, Klaas-Hinrich. “Historiographie und Narration: Metahistoriographische Aspekte der Wissenschaftsgeschichtsschreibung der Linguistik. Von Peter Schmitter.” *historiographia linguistica* , Seol: Sowaldalmedia; Tübingen: Narr, 2003. p. 62.

тарной» лингвистике, отметим, что использование этого термина не есть отрицание достижений лингвистов, работающих в условиях тоталитарного общества. В нашей концепции эта лингвистика представляет собой совокупность дискурсивных практик (в трактовке М. Фуко), оказывающих влияние на развитие лингвистики в тоталитарном государстве.

Работа над данной темой позволила утверждать, что основные показатели «тоталитарной» лингвистики имеют релевантный характер, т.е. могут иметь место и в государствах с иным общественным устройством.

Таким образом, вслед за О. А Радченко, на примере изучения «тоталитарной» лингвистики мы можем утверждать, что использование принципов нарративности в лингвоисториографии способствует переосмыслению критериев объективности в научном историческом описании, расширению их числа, и, вследствие этого, позволяет добиться бóльшей объективности самого исследования.[①]

Важной составляющей лингвоисториографического описания «тоталитарной» лингвистики представляет собой создание портрета ученого, время научной деятельности которого совпало с периодом становления или развития тоталитарного государства. В СССР таким ученым был академик Николай Яковлевич Марр (1864—1934), с именем которого связан длинный и, пожалуй, наиболее тоталитарный период отечественного языкознания,

① Радченко О. А. Язык как миросозидание: Лингвофилософская концепция неогумбольдтианства, М.: УРСС Эдиториал, 2005. С. 6-7.

оставивший заметный след в его истории и определивший развитие советской лингвистики на протяжении почти 30 лет.

После периода довольно продолжительного забвения деятельность Н. Я. Марра в последние десятилетия вновь вызывает особый интерес как российских, так и зарубежных историографов лингвистики. В этой связи мы проанализировали лингвоисториографическую оценку личности и деятельности Марра в историческом срезе.

Первые лингвоисториографические работы, посвященные жизни и творчеству Н. Я. Марра появились еще при жизни Марра. Так, в 1933—1934 гг. к 45—летию научной деятельности Марра было выпущено собрание избранных сочинений в 5 томах, охватывающее около 100 работ Марра из 507, написанных им. В предисловие к первому тому (1933 г.) Марр, в духе действующих дискурсивных практик той эпохи, представлен как «крупнейший советский ученыймирового масштаба», чья «совершенно исключительная по творческой интенсивности деятельность» и «научная значимость исследовательской работы» «проложила своими трудами новые пути в ряде общественных наук».[①]

После смерти Марра в 1934 г. марризм не утратил своей доминирующей роли в советском языкознании. Наоборот, канонизация образа ученого и его нового учения приобрела новый размах. Наследие Марра изучали в школах и вузах, все новые поколения лингвистов объявляли себя приверженцами марризма. Обязатель-

① Марр Н. Я. Этапы развития яфетической теории, Л.: ГАИМК, 1933, Т. 1, С. V.

ным элементов любого выступления на лингвистическую тему было цитирование не только классиков-марксизма—ленинизма, но и Марра.

Усиление роли марристов приходится на конец 40-х гг. прошлого века, что особенно ярко проявилось в борьбе с инакомыслием и космополитизмом в языкознании. В 1948 г. появилась весьма примечательная книга В. А. Михանковой (1892—1952)—личного секретаря Марра «Николай Яковлевич Марр. Очерк его жизни и научной деятельности». Через год в свет вышло уже третье дополненное издание. По словам издателя, первая книга была раскуплена в течение нескольких месяцев, а потребность советских людей в ознакомлении с новым учением о языке возросла в связи с «решениями партии по идеологическим вопросам». Фигура Марра была представлена читателю как борца против буржуазной науки, противника преклонения перед ней, перед ее безыдейностью, аполитичностью, формализма и, буржуазного национализма и космополитизма.①

Интересен тот факт, что впоследствии, по воспоминаниям профессора кафедры общего языкознания МГЛУ В. С. Страховой, в одном из изданий, находящемся в библиотечном фонде, фотография Марра на титульной странице была сначала вырезана, а потом вклеена заново, связано это могло быть с последующим развенчанием культа Марра и борьбой с марризмом, что было сделано в 1950 г. И. В. Сталиным, который своими выступлениями в

① Миханкова В. А. Николай Яковлевич Марр. Очерк его жизни и научной деятельности, М.-Л.: АН СССР, 1949. С. 3.

центральной прессе положил начало лингвистической дискуссии, завершение которой привело к смене лингвистической парадигмы.

Современных линвоистоиографов интересует феномен превращения марризма в единственно верное учение СССР. На эту тему написано немало работ, где высказываются различные точки зрения, отметим некоторые из них.

В. И Звегинцев связывает доминирование марризма с потребностями новых властей «сводить любое научное содержание кидеологическому потенциалу».[①] Автор полагает, что «феномен марризма был далеко не единичным явлением, а одним из составляющих культа единой руководящей и господствующей идеологической доктрины».[②]

В. М. Алпатов считал причиной этой влиятельности создание мифа: «Марризм был одним из научных мифов, которыми, к сожалению, богат XX век» и поддержку «сверху»: для «деятелей партии и государства Марр казался очень важной фигурой. ... Хотелось иметь среди авторитетных ученых и тех, кто... был бы активным участником борьбы за построение нового общества».[③]

В качестве этиологии рассматривают конъюнктурность Марра, его умение приспособиться к требованиям новой эпохи.[④]

---

① Звегинцев В. А. Что происходило в советской науке о языке? Вестник АН СССР. 1989. № 12. С. 24.

② Звегинцев В. А. Что происходит в советской науке о языке? Язык и социальное познание. М.: 1990. С. 17.

③ Алпатов В. М. *Марр*, марризм и сталинизм, Философские исследования, 1993, № 4, С. 271-288. http://www.ihst.ru/projects/sohist/papers/alp93sp.htm

④ Романовский С. И. Академик Марр Николай Яковлевич, Притащенная наука, 2004. http://fanread.ru/book/4058856/

А. П. Романенко полагает, что возвышение Марра связано со спецификой советской философии языка, обращенной «не столько к науке, сколько к культуре».①

Мы склонны разделять точку зрения Звегинцева и считать созданный культ личности Марра и его учения исключительно проявлением тоталитарной идеологии, которая априорипредусматривает наличие культа личности не только в государственном руководстве, но и в каждой отрасли науки.

Для нашего исследования «тоталитарной» лингвистики интерес представляют не столько причины, сколько дискурсивные практики, используемые для продвижения концепции Марра.

Анализ текстов воспоминаний о Марре② и его окружения, архивные материалы, их обобщение позволили нам предположить, что выдвижение концепции Марра на доминирующие позиции в современной стилистике была хорошо разработанная PR—стратегия, умелое создание необходимого имиджа как самого ученого, так и его теории.

В современной теории и практикеPR—кампаний особое место отводится связям с властными структурами: «Устойчивые и действующие связи с органами административной власти расцениваются общественностью как важный ресурс деятельности организации, повышают степень доверия к ней со стороны раз-

---

① Романенко А. П. Советская философия языка: Е. Д. Поливанов —Н. Я. Марр. К особенностям философии языка, Вопросы языкознания. 2001. № 2. С. 111.

② См. Например, работы О. М. Фрейденберг (2001) В. М. Алпатова (1991, 1993, 2012).

личных целевых аудиторий» .[1]

В этом аспекте согласимся с мнением И. В. Сидорчука, согласно которому Марр как и его коллеги по академическому цеху, «не представляли свою жизнь и работу без государственной поддержки»[2], поэтому вопрос о работе со структурами власти, его апеллирование к властным структурам составляли неотъемлемую часть академической деятельности. Отметим, что до 1917 г., «при старом режиме», Марр не был политически особенно активен, но сделал ряд резких высказываний «против политики царизма на Кавказе и против черносотенных нападок «на инородцев»»[3].

Полагаем, что решение об активном сотрудничестве могло быть также принято Марром после выхода статьи в центральной партийной газете под названием «Первое предупреждение»[4], где речь шла о профессорско-преподавательском составе университетов, противящемся проводимым реформам образования: «При всяком удобном и неудобном случае проводили политику активного и пассивного сопротивления всем начинаниям Советской власти, саботировали реформу высшего образования и осмеливались даже на активную борьбу». Ответом властей стала высылка некоторой части профессуры — «активных контрреволюционных элементов из буржуазной интеллигенции», что явилось «первым

---

① Душкина М. Р. PR и продвижение в маркетинге: коммуникации и воздействие, технологии и психология. СПб: Питер, 2010. с.560. URL: http://bizbook.online/marketing-book/prodvijenie-marketinge-kommunikatsii.html

② Сидорчук И. В., Н. Я. Марр и государственная культурная политика 1917—1930 гг.// Вестник СПбГУ. Сер. 2. 2011. Вып. 4. С. 88.

③ Каганович Б. С., С. Ф. Ольденбург и Н. Я. Марр: Взгляд из XXI века // Armenological Issues (Yerevan). 2015. № 2 (5). С. 7.

④ Правда от 31 августа 1922 г. С 1 (См. сходные замечания Сидорчук 2011: 89)

предостережением» Советской власти. Недвусмысленно было заявлено, что Советская власть будет поддерживать «представителей старой интеллигенции и специалистов, которые будут лояльно работать с Советской властью».

Что мог предложить советской власти Марр как ученый? Отметим, что этим вопросом задавались практически все лингвисты тоталитарных обществ, столкнувшись с запросами нового руководства своей страны. В качестве примера можно привести статью германиста Э. Херманна «Что должно предложить индогерманское языкознание национал-социализму»[1]. Очевидно, что это могла быть только принципиально новая теория, включающая созвучные эпохе мысли, завораживающая и подкупающая своей новизной, нетривиальностью новое руководство. Таковой Марр сделал яфетическую теорию, основывая ее на своих научных изыскания и привнеся в нее элементы новой революционной методики. Наиболее востребованными идеями Марра в новой общественной парадигме были:

—неприятие дореволюционной лингвистики («индоевропеистики»);

—неприятие или настороженное отношение к западной лингвистике того времени;

—наличие классовости языка и мышления;

—устремление в будущее;

—тесная связь с историей.

---

① Koerner E. F. K. Essay in the History of Linguistics, 2004. P. 26.

Возвышению Марра во многом способствовали также его активная общественная деятельность и приобретенные в этой связи полезные знакомства, в том числе с влиятельными представителями государственного и партийного руководства, среди которых был и И. В. Сталин, а также новые связи в среде авторитетов в той или иной области.

Постоянное участие в заседаниях комиссий, комитетах различного рода делало его фигуру узнаваемой и связывало научную теорию со статусом ученого, приближенного к властным структурам.

Второе, не менее важное правило хорошейPR — кампании — умелое распространение влияния лидеров мнений на общественность: «Лидеры мнений распространяют свое влияние с помощью лавинообразного эффекта, аналогичного такому виду психологического воздействия, как заражение: они говорят одним, те в свою очередь —другим, и в этот процесс вовлекается довольно большое количество людей»[1].

В нашем случае, это проявлялось в широком освещении теоретических рассуждений Марра в ряде научных дискуссий, среди которых —Поливановская дискуссия (1928—1929 гг.) и дискуссия в Комакадемии (1931 г.), привлекших внимание широкой научной общественности.

Дискуссия 1931 г. отличалась продолжительностью, она

---

① Душкина М. Р. PR и продвижение в маркетинге: коммуникации и воздействие, технологии и психология. СПб: Питер, 2010. С. 560. URL: http://bizbook.online/marketing-book/prodvijenie-marketinge-kommunikatsii.html

длилась три месяца и включала в себя 13 заседаний, характер ее проведения ознаменовался напористостью, агрессивностью выступлений сторонников Марра и отсутствием подлинно научных дебатов.

Основной целью представленной дискуссии в официальном изложении стал поиск «пути для заложения основ подлинной диалектической науки о языке с целью создания теоретического базиса для нашей языковой практики и политики»①.

Мы склонны считать проведение длительной и агрессивной дискуссии одним из способов привлечения внимания как к личности Марра, так и к его концепции —постоянное упоминание о проводимой дискуссии поддерживает и усиливает интерес как участников, так и наблюдателей, а агрессивность выступлений и замечаний делает дискуссию запоминающейся.

Большую роль сыграло и окружение (команда) Марра, который, по мнению исследователей, целенаправленно подбирал своих сотрудников из среды нелингвистов, но людей, умеющих бороться с врагами в духе эпохи②. С одной стороны, это объясняется тем фактом, что серьезные ученые-лингвисты на тот период времени не разделяли идеи Марра.

Исследователи отмечают, что большая часть окружения Маррасостояла из так называемых «выдвиженцев», история которых начинается в 1921 г. когда законодательно был закреплен «классовый принцип» приема в вузы представителей разных социальных

---

① Белевицкий С. О чем шел спор. Революция и язык. 1931 № 1. С. 12.
② Алпатов В. М. История одного мифа. Марр и марризм. М.: 1991. С. 56.

групп населения, большинство из которых были членами партии. Для новой научной элиты была создана, например, «рабочая аспирантура», куда рабочие могли поступить, не имея высшего образования[1].

Активное продвижение марризма в качестве единственно верного учения сторонниками Марра достигалось с помощью различных средств, прежде всего агрессивных, в том числе специальной агрессивной риторикой дискуссии, агрессивностью устных и письменных выступлений. Так, в адрес Е. Д. Поливанова использовались уничижительные выражения типа «поднажить капиталец». «голословное заявление», «апологетизирующий автор», «ученый-специалист»[2]. Полемика 1931 г закончилась изданием сборника «Против буржуазной контрабанды в языкознании» (1932 г.), где в изобилии присутствуют высказывания в оборонительном и агрессивно-политизированном стиле, типа «механицизм и меньшевиствующий идеализм», «неприкрытое выражение социал-фашизма в языкознании» «социал-фашистская контрабанда», «абстрактно-идеалистическая галиматья» и т. п. [3]

Помимо агрессивной риторики проведения дискуссий, языком дискуссии стал «новый, канцеляризованный, основанный на упрощении старого модернизированного язык»[4]. Этот язык был

---

① Романовский С. И. Академик Марр Николай Яковлевич // «Притащенная наука» 2004. http://fanread.ru/book/4058856/

② Аптекарь В. Н забытом участке теоретического фронта. Литература и искусство. № 1. 1930. С. 131-138.

③ Против буржуазной контрабанды в языкознании. Сборник бригады Ин-та языка и мышления АН СССР. Л., ГАИМК, 1932. С. 12, 14, 40, 108.

④ Романенко А. П. «Советская философия языка: Е. Д. Поливанов —Н. Я. Марр. К особенностям философии языка» // Вопросы языкознания. 2001. № 2. С. 116.

доступен выдвиженцам, которые использовали его для привлечения на свою сторону сторонников новой концепции.

Агрессивность и публичность опозоривания видных ученых использовали марристы нового поколения Г. П. Сердюченко и Ф. П. Филин. Так в резолюции совместного заседания ученых советов двух академических лингвистических институтов: Языка и мышления имени Н. Я. Марра и Русского языка 1948 г. при обсуждении доклада Н. Н. Мещанинова «О положении в лингвистической науке» «реакционными языковедами» были объявлены академик В. В. Виноградов и профессор А. С. Чикобава, так как они отрицали «классовую борьбу в развитии идеологического содержания речи»[①].

Примечательно, что агрессивную риторику впоследствии использовали также лингвисты, клеймившие марризм. Марровское учение удостоилось таких эпитетов, как, например, хрестоматийные Сталинские высказывания «аракчеевский режим», «крикливо шельмовать»[②], «вульгаризаторская ошибочная сущность»[③]. Отметим, что данный стиль публикаций выступлений резко отличался от статей и выступлений самого Марра. Подобная практика кажущегося отстранения от деятельности команды имела также цель поддержать интерес к личности самого Марра.

---

① Романовский С. И. Академик Марр Николай Яковлевич // «Притащенная наука» 2004. http://fanread.ru/book/4058856/

② Цит Сумерки лингвистики: Из истории отечественного языкознания. Антология / Сост. В.Н. Базылев, В. П. Нерознак. М: Academia, 2001. С. 403.

③ Против вульгаризации и извращения марксизма в языкознании. Сборник статей. Под ред. В. В. Виноградова и Б. А. Серебренникова. Ч. 2. М.: АН СССР. Ин-т языкознания, 1952. С. 5.

Таким образом, принимая теорию Марра, советские правящие круги действовали в соответствии с дискурсивными практиками «тоталитарной» лингвистики, а именно:

1. использовали принцип селекции и вождизма —Марр как классик, вождь всей советской лингвистики;

2. монополия одного учения —придали лингвистической концепции Марра статус единственного учения;

3. предоставили все возможные средства государственной и финансовой поддержки, среди которых быстрое основание Института яфетических исследований, финансирование сотрудников, их командировок, публикация статей и иных научных трудов[①].

В архивных материалах мы неоднократно находим письма с просьбой о предоставлении финансовой поддержки, среди них ««Перечень счетов по авансу, в сумме 1.000.000 рублей, отпущенному Институту». [②]

Либеральное отношение правящих кругов проявлялось, в том числе, и в том, что в состав Института было разрешено включить иностранных представителей, о чем свидетельствует «Выписка

---

① Отметим, что эта поддержка осуществлялась в кратчайшие сроки. Так, вопрос «об оборудовании при Академии наук СССР Яфетидологического института» был поставлен Марром 29 июня 1921 г., на выступлении на заседании Отделения исторических наук и филологии РАН.

А уже в 7 сентября 1921 г. Институт яфедологических изысканий был утвержден, Марр предоставил Отделению «Положение» об Институте и проект штата. В качестве места для размещения Института Марр выделил одну из комнат своей квартиры См. Материалы к истории ИЛИ РАН (1921—1934) / Составитель А. Н. Анфертьева //ACTA LINGUISTICA PETROPOLITANA. Труды Института лингвистических исследований РАН / Отв. ред. Н. Н. Казанский. Т. IX. Ч. 1. СПб.: Изд-во «Наука», 2013. С. 11.

② Материалы к истории ИЛИ РАН (1921—1934) / Составитель А. Н. Анфертьева // ACTA LINGUISTICA PETROPOLITANA. Труды Института лингвистических исследований РАН / Отв. ред. Н. Н. Казанский. Т. IX. Ч. 1. СПб.: Изд-во «Наука», 2013. С.27-28.

из протокола заседания ОИНФ от 1 февраля 1922 г. об избрании иностранных ученых членами Института» ①.

4. Государственные структуры поддерживали борьбу с врагом — репрессии в отношении противников марризма. В этом смысле показательной является не только судьба Е. Д. Поливанова, но и исторические документы, например, резолюция, принятая на собрании партячейки ИЯМ АН СССР 7 дек. 1931 «Современное положение на языковедном фронте и задачи Института языка и мышления Академии наук СССР», в котором подчеркивается особая роль яфетической теории «в деле построения подлинной марксистско-ленинской лингвистики», при этом, умело манипулируя актуальными лозунгами, марристы говорят о классовой борьбе в области языкознания, которая проявляется в борьбе «за и против яфетической теории академика Марра»②.

Новое обращение к идеям Марра привела к появлению ряда статей, указывающих на ошибочность предшествующей историографической оценки теории Марра. Так положение о классовом характере языка опровергается аргументом, показывающим, что под классами Марр понимал не столько класс в марксистском понимании термина, сколько некую социальную группу. На это, в частности, указывает Н. С. Чемоданов в дискуссионной статье

---

① Материалы к истории ИЛИ РАН (1921—1934) / Составитель А. Н. Анфертьева // ACTA LINGUISTICA PETROPOLITANA. Труды Института лингвистических исследований РАН / Отв. ред. Н. Н. Казанский. Т. IX. Ч. 1. СПб.: Изд-во «Наука», 2013. С. 49.

② Материалы к истории ИЛИ РАН (1921—1934) / Составитель А. Н. Анфертьева // ACTA LINGUISTICA PETROPOLITANA. Труды Института лингвистических исследований РАН / Отв. ред. Н. Н. Казанский. Т. IX. Ч. 1. СПб.: Изд-во «Наука», 2013. С. 303-304.

«Пути развития советского языкознания»[1], О. В. Лещак, Ю. Л. Ситько[2], в качестве доказательства приводя следующее высказывание Марра: «... Вы имеете в виду марксистское понимание класса. Но, конечно, я не имею в виду такого как сейчас определения класса, когда говорю "класс" ... Я ищу термин, и никто не может мне его указать. Когда есть организация коллективная, основанная не на крови, то здесь я употреблял термин "класс" ..., вот в чем дело .... Я брал этот термин "класс" и употреблял в ином значении, отчего его не употреблять? Таково действительное положение, а не желание противопоставить мои "классы" классам в их марксистки установленном понимании»[3].

Здесь очевидно прочитывается социологическая направленность определения класса, когда класс уподобляется коллективу илиопределенной группе людей, связанных какой-либо общей деятельностью. С этой точки зрения можно по-иному взглянуть и на другие высказывания Марра: «Нет языка, который не был бы классовым, и, следовательно, нет мышления, которое не было бы классовым»[4], или «... Яфетидология отвергает существование неклассовых языков; все языки, в их числе и национальные языки Европы и Кавказа,—еще раз повторяем, классовые, притом классовые не в последнюю очередь, а — прежде всего». «Но главное,

---

① Чемоданов Н. С. Пути развития советского языкознания // Правда, 23 мая 1950 г., N 143 (11615). С. 3.

② Лещак О. В. Ситько Ю. Л. Н. Я. Марр и функциональный прагматизм: опыт сопоставительного методологического анализа. Respectus Philologius. 13(8). 2008. С. 92-103.

③ Марр. Н. Я. К бакинской дискуссии о яфетидологии и марксизме. Баку, 1932. С. 39.

④ Марр Н. Я. Избранные работы, т. III, 1934. С. 91.

яфетидология иной подход к изучению языка, как к речи классовой, считает неприемлемым»[①].

Т.е. «классовость» языка можно рассматривать как совокупность социолектов, а изучение классовости позволяет отождествлять ее с социальной дифференциацией языка.

Неправильное истолкование терминологии Марра касается и надстроечного характера языка. Современные исследовали Марра полагают, что этим термином Марр говорил о нераздельной связи языка с культурой, понимаемой как картину мира[②].

На новом этапе развития лингвистики многие теории, в том числе, идея о развитии языков путем скрещивания, оказались с точки зрения сегодняшнего дня, реальными, а положение оглоттогоническом процессе используется в лингвистической генетике.

Таким образом, в общем и целом, в истории отечественного языкознания мы сталкиваемся с двойственной оценкой личности и научного наследии академика Марра. Полагаем, что данная оценка зависит во многом от субъективных факторов восприятия личности ученого и исходной точки зрения на ценность его лингвистикой концепции. Представляется, что дальнейшие исследования деятельности Марра в русле нарративной историографии дадут возможность независимой оценки жизни и научной деятельности академика Н. Я. Марра.

---

① Марр. Н. Я. К бакинской дискуссии о яфетидологии и марксизме, 1932. С. 19.

② Лещак О. В. Ситько Ю. Л., Н. Я. Марр и функциональный прагматизщм: опыт сопоставительного методологического анализа. Respectus Philologius. 13(8). 2008. С. 65.

作为语言哲学的语言文化学

赵爱国

作为独立学科的俄语语言文化学的系统研究已经进入“不惑之年”。[①] 从学理形态看，它已经由原先单一性的语言教学论性质的“词汇背景”论（20 世纪 70—80 年代），发展成为具有跨学科性质的“知识阐释”论（20 世纪 90 年代至今）。[②] 后者无论在学理构成上，还是在研究内容和研究方法上，都与前者有许多不同。对此，笔者曾在相关学术论文中做过必要的梳理和论证[③]。

但问题是，作为知识阐释论的并不是语言文化学一个学科，而是当代语言学研究中“人类中心论范式”（антропоцентрическая парадигма）下所有新兴语言学科的普遍特征，如认知语言学、认知心理语言学、跨文化交际学等就无不具有知识阐释的性质，它们与语言文化学一道构成了当代人类中心主义的研究范式。因此，有必要从哲学的高度对当前语言文化学的学科性质、学理特性及研究特点等做进一步的发掘。本文即是这样的一种尝试，欲

---

① 1973年维尔夏金（Е. М. Верещагин）、科斯托马罗夫（В. Г. Костомаров）出版《语言与文化》（«Язык и культура»）一书，标志着语言文化学的前身——“语言国情学”（лингвострановедение）的正式诞生。

② 理论上讲，人类中心论范式视阈下的所有语言学科都具有认知的性质，语言文化学研究更是如此。

③ 赵爱国：《对语言文化学基本学理的若干哲学思考》，《解放军外国语学院学报》2011 年第 1 期。

赵爱国：《当前“观念”研究的几个理论问题》，《中国俄语教学》2016 年第 3 期。

赵爱国：《谈当前俄语语言与文化研究的几个理论问题》，《东北亚外语研究》2017 年第 3 期。

对该学科的语言哲学性质做出理论上的解释。在我们看来，作为语言哲学的语言文化学，就其基本特性而言主要体现在以下三个方面：

1. 学理内核——“说话的人”

我们知道，人类中心论范式是紧紧围绕“说话的人”（человек говорящий）这一内核展开的。[①] 这就意味着该范式下的所有语言学科的学理内核都集中在对“说话的人”的阐释上。

何为“说话的人”？它具有怎样的概念内涵？应该说，在当代人类中心论范式的语言学理论研究中，“说话的人”的概念已经不是字面意义的组合，而是一个具有约定俗成意义的术语，具体说就是“思维的人”（человек думающий/мыслящий）、“交际中的人”（человек в общении）、“语言中人的因素”(человеческий фактор в языке)、“语言个性”（языковая личность）等意义的总和。也就是说，该术语的概念内涵不仅赋予了人以“社会共体”（социум）和“民族共体”（этнос）的属性，更赋予了人以语言的属性，即将人与人说的语言视为“同一”——“人是说话的”“话是人说的”。这就在学理上实现了对传统语言学理论[②]的超越。正如有学者指出的那样，语言是按照人的尺度建立起来的，这个尺度就记录在语言的自身组织中，语言就应该按照该尺度来进行研究。语言学永远是一门“人说的语言”（язык в человеке）和“语

① 赵爱国：《当代俄罗斯语言学研究中的人类中心论范式》，《中国俄语教学》2013年第4期。

② 这里所说的“传统语言学理论”是就20世纪西方主流语言学理论而言的，既指语言哲学中的指称论、行为论、功用论、意向论等，也指具体的语言学说，如结构主义语言学理论、语用学理论以及系统功能语言学理论等。

言中的人”（человек в языке）的科学。[①] 不难看出，作为术语的“说话的人”的概念蕴含着这样一种逻辑关系：语言具有民族性→民族性体现为文化→文化的实质是人化→人化是语言观念化的结果。因此可以说，该术语体现着“呼唤人因素的回归”这一人本核心；[②] 或者说它是“以‘人化的语言’为旗帜，将语言研究融入后现代哲学的大潮之中”。[③] 追根溯源，其学理构成显然是俄罗斯思想史上“欧洲主义”（европеизм）和“斯拉夫主义”（славянофильство）两种哲学思潮在当代语言学研究中相结合的产物：欧洲主义和斯拉夫主义分别推崇理性和体验性，反映在语言学研究中，就构成了“人说的语言”和“语言中的人”之间的对立统一。

语言学研究中的人类中心论范式，也称作“人类中心主义语言学”（антропоцентрическая лингвистика）。从学科性质看，人类中心论范式就是当代语言学研究中的“人学”（наука о человеке/человековедение）。[④] 它是由 20 世纪 80—90 年代以来新兴的若干门交叉学科组成的，如上文提到的具有认知性质的认知语言学、认知心理语言学、跨文化交际学和语言文化学等。那么，上述学科究竟有何区别呢？或者说，它们之间在学理上应该怎样划界呢？这是我们在语言文化学研究中时常遇到的一个“令人头疼

---

① Степанов Ю. С. Эмиль Бенвенист и лингвистика на пути преобразования.// Бенвенист Э. Общая лингвистика. М., УРСС, 2002. С. 5-16.

② 李洪儒：《系词——人在语句中的存在家园》，《外语学刊》2006 年第 2 期。

③ 王寅：《从后现代哲学的人本观看语言象似性》，《外语学刊》2009 年第 6 期。

④ 在俄罗斯，最早的“人学”研究起始于启蒙时代，开拓者被公认为是莫斯科大学教授阿尼奇科夫（Д. С. Аничков）和著名思想家拉季谢夫（А. Н. Радищев）。他们分别在“认识论”和“存在主义伦理学”两个方向上提出了有关人的灵魂与肉体、生与死等关系的学说。在语言学领域，维诺格拉多夫（В. В. Виноградов）被认为是俄罗斯语言学界“第一位依据语言资料来研究人的问题的学者”，因为早在 1946 年，他就发表了一篇题为《19 世纪中叶前俄语中“个性”一词的历史》（«Из истории слова *личность* в русском языке до середины XIX в.»）的文章，提出“人的概念”是俄罗斯民族意识发展的主要阶段的论断。

的问题”，或者说是语言文化学研究在现阶段所呈现出的一种“新常态”，即界限不清、对象模糊的问题。以我们所见，从学理形态看，无论是语言文化学还是认知语言学和心理语言学，它们都是以“说话的人”为内核的认知科学，研究的范式完全相同，但认知取向却有所不同，分别呈现为文化认知、语言认知和心理认知三种不同的哲学维度。文化认知取向侧重对语言在民族文化共体形成过程中的功能（即语言对语言个性形成的作用问题）做出解释，或者说侧重对母语文化（民族经验）中知识系统的形成机制及其对“说话的人”的意识构建做出阐释，因此它体现为知识阐释的文化认知维度①；语言认知取向对知识系统的解释侧重的是语言与认知方式、观念结构、语义系统的相互关系，核心问题是观念的形成过程，即知识或语言意识的范畴化问题；心理认知取向侧重对语言能力的心理形成机制做出解释，如言语的感知和理解、言语交际过程的内部组织和外部组织等。三种不同的认知取向，不仅在宏观上决定着人类中心论范式具有认知的性质，也在微观上为我们对该三门学科“划界”提供了辨析依据。作为同一范式下的不同学科样式，它们都具有认知性、综合性、交叉性的显著特点，因此在很多情形下难免在基本学理的构成方面彼此交织或纠缠，形成“你中有我、我中有你”的复杂局面。正因为如此，俄罗斯学界也少有人对该三门学科的界限做出严格区分，甚至有学者在三个学科之间进行“跨界式”的整合性研究。如莫斯科大学的克拉斯内赫（В. В. Красных）就是其中的代表之一。

① 在这里，语言文化学的研究视阈取决于从何种角度来解释“文化”：如果将文化理解为狭义的“由语言表征的世界图景”，那么就应该把该学科认作是语言学方向的，并可用“лингвокультуралогия”这一术语来表示；而如果将文化理解为广义的“物质文化和精神文化的总和”，那么该学科就可理解为“语言与文化关系”的学科，它可呈现为不同的研究方向，并可以用“лингвокультуроведения”这一术语加以概括。

她将民族心理语言学与语言文化学置于统一的“民族文化空间”（национально-культурное пространство）或“认知空间”（когнитивное пространство）中加以综合审视，并取得重要理论成果。[①]

需要特别指出的是，尽管人类中心论范式下的各语言学科的认知取向有别，但有一点却是相同的，那就是学理成因都源自跨文化交际。也就是说，三种不同的认知取向是建立在统一的以跨文化交际为前提和目标的基础之上的。原因很简单：没有跨文化交际的参照，认知活动就缺乏针对性，也显现不出语言的民族性或文化性；没有跨文化交际，“说话的人”只具有民族共体或社会共体的属性，而不具有本民族语言的属性。这也是语言文化学、认知语言学和心理语言学研究都要把跨文化交际纳入本学科不可或缺的重要内容的缘由所在。

2. 视阈焦点——“语言意识”

毋庸置疑，现阶段语言文化学的研究视阈集中在对所谓的“语言意识”（языковое сознание）的阐释和分析方面。为什么是语言意识而不是别的成为该学科的研究焦点？这显然是由该学科所具有的文化认知性质所决定的。理论上讲，一方面，语言与意识或思维关系的研究，就具有认知的性质；另一方面，作为人化的文化，狭义上也是意识或语言意识的代名词。

作为西方理性主义和本民族体验主义相结合产物的俄罗斯语言学传统，历来重视语言与意识或语言与思维的关系研究。但较之于西方而言[②]，俄罗斯学界更加强调民族语言对民族意识或民族

---

① Красных В. В. Этнопсихолингвистика и лингвокультурология, М., Гнозис, 2002.
② 西方学界通常将语言意识问题归入“语言知识”（знание о языке）的研究范围。

个性的影响和构建作用，因此，相关理论学说也大都出现在心理语言学或语言学中心理学方向的研究领域。如比较著名的有波捷布尼亚（А. А. Потебня）的“语言心理”说，福尔图纳托夫（Ф. Ф. Фортунатов）的“言语句”说，维果茨基（Л. С. Выготский）的“内部言语”说，老列昂捷耶夫（А. Н. Леонтьев）的“世界形象”说[①]，卡拉乌拉夫（Ю. Н. Караулов）的“语言个性”论等。但在当代，语言意识问题已成为人类中心论范式下各新兴语言学科所关注的核心内容。

在笔者看来，现阶段俄罗斯人类中心论范式下的语言意识研究已呈现出三种不同的哲学维度，即视语言为人类自身之“镜子”的语言意识论、视语言为人类获取知识之“手段”的语言意识论和视语言为人类意识存在之“形式”的语言意识论。它们在学理内涵上分别对应于语言文化学、认知语言学和心理语言学三种既有联系又有区别的新兴学科。

作为人类自身之“镜子”的语言意识研究，是语言文化学的专属领域，它关注的核心内容是“语言世界图景”（языковая картина мира）和“语言逻辑分析”（логический анализ языка）问题。也就是说，有关语言世界图景理论和语言逻辑分析理论所涉及的内容、方法等都可归入此列。该视阈的语言意识研究，是通过语言符号意义的本身来认识和反映人类自己的，其实质是以“人的因素”为核心视角的语言、思维 / 认知、现实三者关系的互动或动态研究，哲学取向为通过语言来展示客观世界的主观形象，切入点是现实的语言世界，着眼点却是虚拟的文化或观念世界。

作为人类获取知识之“手段”的语言意识研究，是认知语言

① 此处的“老列昂捷耶夫”是相对于其儿子、俄罗斯心理语言学的最初样式——言语活动论的奠基人“小列昂捷耶夫”（А. А. Леонтьев）而言的，以示区别。

学的专属领域，它关注的核心内容是“心智图片”（ментальные картинки），即观念的形成过程和机制问题，主要探讨语言在人的认知过程或认知组织中的作用。具体说，它主要回答下列两个问题：人的知识是如何获得的？语言对人的知识获得起到了怎样的作用？因此，该视阈主要以语言认知为导向，包括对语言在世界的观念化和范畴化过程中的作用、语言在人的认知过程和经验总结中的功能、人的认知能力的获得机制及其相互关系等一系列问题做出解释。目前在俄罗斯学界形成的主要学说有：库布里亚科娃（Е. С. Кубрякова）的认知语义学说，布雷金娜（Т. В. Булыгина）的世界的语言观念化学说，阿鲁玖诺娃（Н. Д. Арутюнова）的隐喻学说以及观念理论等。

作为人类意识存在之“形式”的语言意识研究，是心理语言学的专属领域，它关注的核心内容是“世界形象”（образ мира）问题，主要审视语言主体意识或语言个性的心理形成过程和特点，探讨言语的生成和理解机制等。由于俄罗斯学界对语言意识研究的传统大多集中在该视阈，因此，相关的研究成果较多，如俄罗斯心理语言学的最初样式言语活动论以及语言个性理论、定型理论、先例理论等，都属于该视阈的研究成果。尤其是10余年来，还形成了专门研究语言意识命题的独立学科——“意识心理学”（психология сознания），即所谓的“语言意识理论”。该理论分别由克拉斯内赫的“框架结构”论①，扎列夫斯卡娅（А. А. Залевская）的“心智语汇”说②，乌费姆采娃（Н. В. Уфимцева）

① Красных В. В. Виртуальная реальность или реальная виртуальность, М., Диалог-МГУ, 1998. С. 116.

② Залевская А. А. Психолингвистичесие исследования.Слово.Текст: Избранные труды, М., Гнозис, 2005. С. 34.

的“语言意识核”说[①]，塔拉索夫（Е. Ф. Тарасов）的“新本体”论[②]等构成。这些理论成为当代俄罗斯学界最具活力的学术高地，其成果在一定意义上引领着其他学科的研究走向。

总体看，上述所体现的三种哲学维度既有内在联系，又有明显区别：（1）“镜子”说视语言意识为“语言世界图景”，即把语言意识视作语言及其存在模态的反射，视作民族语言本身所表征的有关世界知识的总和；而“手段”和“形式”说则视语言为“世界图景”（世界形象），即把语言意识等同于世界知识，它既包含着现实世界反映在人脑（心理）中的那部分客观世界图景，也包含着由民族语言建构起来的那部分理念世界图景（即语言世界图景）。（2）相比之下，“镜子”说比较侧重“语言中的人”，即“语言个性”的形成机制研究；而“手段”和“形式”说则更加侧重“人说的语言”，即“世界的语言观念化”研究。它们在学理上分别源自“斯拉夫主义”的体验性和“欧洲主义”的唯理性。（3）在该三种哲学维度中，“镜子”说相对比较独立，而“手段”和“形式”说之间的联系则相对比较紧密。究其缘由，主要是前者具有“本源性”特征，即是从俄罗斯语言学研究的人文主义传统中发展而来的；而后者则是20世纪60年代后新兴的，因此受到西方哲学思潮和范式的影响较大。

值得一提的是，国内学者对语言意识的研究也颇有心得。如杜桂枝在2006年发表了《论语言意识》[③]一文，赵秋野分别在2003年和2006年发表了《语言意识的民族文化特点》《俄罗斯语

---

① Уфимцева Н. В. Русские: опыт еще одного самопознания. // Этнокультурная специфика языкового сознания. М., ИЯ РАН, 1996. С. 144-162.

② Тарасов Е. Ф. Межкультурное общение—новая онтология анализа языкового сознания.// Этнокультурная специфика языкового сознания. М., ИЯ РАН, 1996. С. 7-12.

③ 杜桂枝：《论语言意识》，《外语学刊》2006年第4期。

言意识核心词研究综述》等文章[①]。他们对语言意识的构成机理、概念内涵、表现形式、民族文化特点以及在俄罗斯心理语言学界的研究状况等进行了很好的梳理和分析，从而为语言意识研究的"中国化"做出了自己的努力。

3. 研究方法——"观念分析"

学界公认，现阶段的语言文化学研究，最为重要的方法是"观念分析"（концептуальный анализ）。对此，国内外学者有大量著述出版或发表。本文不想重复已有的学说和观点，仅想就学界普遍关注的几个理论问题简要地发表自己的一孔之见。

第一个问题：为什么要进行观念分析？以笔者之见，促成对语言进行观念分析的动因主要有二。一是受语言哲学转向的引领。我们知道，20 世纪 60 年代起，受逻辑哲学诸流派的影响，理论语言学研究逐步形成了两个不同的发展方向：一种是继承传统，对自然语言进行纯逻辑的分析；另一种是转向日常语言，研究语言使用和交际中的逻辑关系。后一种转向把语言学研究推向了为达成不同交际目的而需要采取的手段问题的探索，以解决语言、思维、现实三者之间所固有的矛盾，以设法使判断或命题与命题取向或交际目的达成一致，使思维的有序性与现实情景的无序性达成一致。显然，上述目标只有通过对作为思维或意识单位的观念进行分析才能达成。二是受语言学研究范式转进的推动。人类中心论范式额度兴起，无疑使语言研究由语言客体转向了语

---

① 赵秋野：《语言意识的民族文化特点》，《外语学刊》2003 年第 3 期。
赵秋野：《俄罗斯语言意识核心词研究综述》，《解放军外国语学院学报》2008 年第 1 期。

言主体，这就势必会将“说话的人”的语言意识作为研究的焦点。道理很简单，意识的“外化”（овнешнение）即世界的语言观念化，或者说，只有通过语言的观念分析才能最大限度地通达到人的意识或思维系统。

第二个问题：观念分析的两种认知取向。应该说，人类中心论范式下不同学科样式对“说话的人”学理内涵的解释所体现出的不同认知取向，同样也反映在观念分析的方法上。目前，俄罗斯学界通常将观念分为两大类：一是把观念视作文化结构或文化单位，因此又称“文化观念”（культурный концепт），这主要是具有文化认知性质的语言文化学的研究对象；二是把观念视作思维结构或思维单位，因此又称“思维观念”（мыслительный концепт），这主要是具有语言认知和心理认知性质的认知语言学和心理语言学的研究对象。从事前者研究的学者主要有阿鲁玖诺娃、斯捷潘诺夫（Ю. С. Степанов）、捷利娅（В. Н. Телия）、卡拉西克（В. И. Карасик）、斯雷什金（Г. Г. Слышкин）、皮梅诺娃（М. В. Пименова）等。他们主要围绕“关键词”（ключевые слова）或“观念称名词”（номинируюший концепт）对观念的文化认知语义进行分析，因此，该取向的观念分析可以称为“关键词分析法”（методика ключевого слова）或“称名场分析法”（методика наминотивного поля）；从事后者研究的学者主要有库布里亚科娃（Е. С. Кубрякова）、巴布什金（А. П. Бабушкин）、波尔德列夫（Н. А. Болдырев）、波波娃（З. Д. Попова）、斯捷尔宁（И. А. Стернин）、扎列夫斯卡娅、克拉斯内赫等。他们主要围绕观念的思维和心理认知语义进行阐释，采用的研究方法主要有“联想分析法”（методика ассоциативного анализа）、“认知阐释法”（методика когнитивной интерпретации）等。

第三个问题：不同的方法有不同的分析步骤。我们知道，不同的认知取向决定着不同的研究方法，而不同的研究方法又决定着其实施步骤的不同。①

关键词分析法的具体步骤通常为：（1）确立能够将观念客体化的表征关键词；（2）确立关键词称名场的“内核”（ядро）；（3）确立关键词称名场的外围；（4）观念称名词的比喻分析；（5）建构关键词的词汇一成语场；（6）建构关键词的派生场。② 卡拉西克则认为，观念分析主要按以下程式分析下述内容：（1）观念称名词的语义；（2）观念称名词的词源；（3）观念称名词的转义、联想义；（3）观念称名词或词组的语境语义；（4）与观念相关的联想；（5）表达观念的评价标记用法。③ 希依加尔（Е. А. Шейгал）等学者在自己的研究中也提出类似的步骤：（1）对关键词进行语义分析；（2）对关键词的同义词和派生词进行分析；（3）对关键词的搭配能力（固定的和自由搭配的）进行分析；（4）对典型化观念的格言警句进行分析；（5）对关键词做联想实验；（6）对不同类别的语篇进行观念分析。④

联想分析法的具体步骤通常为：（1）用某一词语（如关键词或观念称名词）作为刺激词语，在一定范围内由联想被实验者对该刺激词进行联想式的回答；（2）将构成联想场的上述联想词作

① 我们在这里有意把метод与методика相区别。前者是语言学宏观或微观层面的研究方法，如历史比较方法、逻辑分析方法、功能分析方法、观念分析方法等；后者是前者的下位单位，是对某一种具体的研究方法的称谓，如关键词分析法、联想实验法等。该术语的下位单位是приёмы，即为实现上述具体方法的“手法”。

② Попова З. Д. Стернин И. А. Когнитивная лингвистика, М., Восток-Запад, 2007. С. 176-184.

③ Карасик В. И. Языковой круг: личность,концепты,дискурс, М., Гнозис, 2004. С. 30-31.

④ Шейгал Е. И., Арчакова Е. С. Тезаурусные связи и структура концепта.//Язык, коммуникация и социальная среда, 2002, Вып.2. С.19-24.

为语言手段，对由刺激词所引发的观念认知特征的客体化情况进行阐释。应该说，无论是自由联想实验还是定向联想实验，都可以区分出使联想词客体化的大量认知特征。但就两种步骤而言，它们的目标指向有所不同：如果实验的目标是为了揭示语言意识和确定词的心理语言学意义，那么采用第一个步骤就可以达到了，即获得由刺激词产生的联想场；而如果实验的目标是为了分析认知结构，则需要在第一个步骤的基础上采取第二个步骤，即进一步分析联想词的认知特征，因为只有这样，才能够既获得结论性的知识，也能够获得由联想词揭示的间接性认知特征。①

认知阐释法的具体步骤通常为：（1）认知特征的揭示，即对观念称名场各语言单位的语义描写结果进行阐释。（2）义素的认知阐释。如果说第一个步骤是对语言单位意义的完整描写的话，那么通过对意义构成义素的分析就可以获得对意义的词典学或心理语言学的描写。构成不同观念称名语言单位意义的义素，可以组成观念称名场的语义空间，从而可以反映出观念的认知特征。（3）对格言进行认知阐释。格言需要在其意义的概括形式中（即将所有的近义纳入到一个较为概括的意义中）进行认知阐释，以确定所搜集的格言材料中意义表达的相对频率。（4）对联想实验结果进行认知阐释。联想实验结果的认知阐释既可以直接通过对心理语言学意义的描写来实现，也可以通过间接的即联想词或联想反应词的认知阐释来实现。（5）隐喻的认知阐释。认知隐喻在认知阐释过程中应该被解释为进入观念结构的某内容特征。这些特征是从隐喻内容中抽象出来的，其中绝大部分是来自作为隐喻基础的比喻。（6）对词位频率做认知阐释。（7）对称名词位意义

① Попова З. Д., Стернин И. А. Когнитивная лингвистика, М., Восток-Запад, 2007. С. 198-209.

内部形式的认知阐释。观念研究中，有时需要对作为观念结构信息来源的词的内部形式进行分析。（8）对认知分类特征的揭示。观念描写结果的认知阐释的第二阶段是对单独的认知特征进行概括，并以此为基础揭示出用于对某事物或某现象进行观念化的认知分类特征。以上 8 个步骤并不是对每一种观念的阐释都必须同时使用的，而应该根据阐释的具体目标来确定采取其中的哪几种步骤。

综上所述，作为语言哲学的语言文化学在学理内核、视阈聚焦、研究方法等方面都与其他相关学科有明显的不同，从而凸显出该学科现阶段发展的若干特点。如果说在人类中心论范式下三种相关的学科在学理内核方面体现的是“范式相同而样式不同”的话，那么在视阈聚焦和研究方法方面就分别体现为“对象相同而范围不同”“方法相同而法术不同”，即通常说的 парадигма → форма（范式→样式）, объект → предмет（对象→范围）, метод → методика（方法→法术）之间的不同关系。以我们之见，在理论上对这些关系进行梳理，以及从语言哲学视角对语言文化学基本学理的审视，不仅有助于廓清不同学科之间的联系和界限，也有助于进一步认清当代人文学科发展的些许规律，以在学科交叉的纷繁杂乱中把握好文化学研究的基本特性和发展态势。

哲学语境中语言认知的规约性与交际性问题

隋然

人类认知活动基于其存在形式和相互交际，人类认知活动实际上就是交际活动。个性化的认知主体可能具有其不同标准和规范的认知系统，但最终都将进入人类作为共同认知主体的认知系统，成为个性化认知主体融入群体化认知主体的必要条件。人际交际并非仅仅表现于外部形式，而是涉及人类本质的深层结构。人类在交际活动中相互影响，发生变化，对话成为人类认知能力发展的驱动形式，同时也成为人类认知活动的重要研究对象。

1. 人类认知活动的规约性问题和意义

交际活动充分表现了认知活动的社会特性，交际活动逐渐演化并形成各种认知主体间性关系，表现为人类的正式或非正式的口笔语交际联系。交际活动调整、改变并强化人类社会的价值取向、思维范式的更替，最终显现的是人类社会整体历史文化关系，同时也促进了人类认知结构的形成。

认知的交际性一直是哲学领域中最重要的研究课题之一，涉及基于语言符号系统的认知主体间性的规则和契约关系等。但传统的语言哲学认识论主要研究语言的科学逻辑和语义参数，一方面解决了一些语言基本意义特征，另一方面却又无法全面揭示社会交际本质的认识论特征，同时也忽略了日常语言自然产生且模糊不清的认知问题。

社会性日常语言认知活动问题涉及面很广，需要致力于理解自然事实与社会规范的关系。早在古希腊哲学中就有对自然法则和社会规约的区分。问题的复杂性在于，与自然法则不同的是，社会规约并非永恒不变，人类本身制定了这些规约，也只有人类自己才能对其进行改变甚至撤销。社会规约的制定是一种事实，但社会规约本身却并非事实，社会规约成为一种契约，从确认事实的语句中不可能提取确认规约的语句，社会规约具有人为特征，“并非自主构成，而是人类可以对其进行评价和改变的东西，也即对其承担道义的东西”[①]。自然界中不存在什么社会规约，社会规约是人造的，人是衡量一切事物的尺度。

需要指出的是，并非所有所谓的“社会性法则”都具有人为约定的性质，比如经济发展规律以及社会制度功能等，就与自然法则类似，只是经济规律的遵循和社会制度的执行在很大程度上要依赖于社会规范，就如同汽车发动机一样，不仅仅按照机械原理工作，而且还要按照人为的操作章程工作。对此要注意避免一元论观点，不能简单地将规范归入事实，而要坚持批判性的二元论观点，审视人类制定的社会规约与独立于人类的自然法则之间的差异，在与人类发生关系的现象和事实中探索自然法则与社会规约相互结合和相互作用的情况。无论认知心理学还是进化认识论，在解读和认知社会规约本质问题上都需要基于这样一种研究方法论。

社会实证主义将自然现象与社会现象同一化，以便运用自然科学认知范式研究社会现象问题，由此产生了两种基础性前提，

---

① Поппер К. Открытое общество и его враги, Чарты Платона. М., 1992. т. 1. С. 99.

其一是在社会学研究中自然科学分析方法的适用性，其二是基于经验理论体系的社会现象预见性。这一观点遭到社会现象学观点的否定，后者指出前者误解了社会现象的本质。首先，“自然界并不具有内部的意义结构”，意义是人类在自然界中解释的结果，“自然科学的认知特点并不仅仅归结于所使用的研究规则，更多的是依据科学家与自然界深刻的认同，研究规则指向这一认同，同时也与自然界相适应”①。

与自然界不同的是，社会是意义构成的产物，是人类活动的产物，与人类密不可分。人类建立社会组织结构，其“外在化”（externalism）和“客观化”（objectivity）在很大程度上依赖语言得以实现。作为世界的组成部分及存在形式之一，社会需要得到人类的承认，否则必然不复存在；社会形式只有被人类认为是“现实的”，它才是现实的，而且是“大量现实的集合体”，“因此，社会性世界建立在人类对某些意义的接受和信仰基础之上，社会个体（人）使用这些意义，将其作为解释和说明社会现象（事件、行为、情境等等）的普遍模式……”② 在这一话语中，社会结构就被理解为“基于解释普遍模式”的“社会结构想象”，因而要求摆脱对现实世界的信仰，拒绝所谓的“自然取向”。这一观点不仅实证主义者不能接受，而且几乎所有的现实主义者都无法接受，因为整个社会性世界具有人为和信仰的特征，其构成完全是准则和规约的结果，不包含客观法则及标准。

现象学方法论有助于阐明朴素现实主义的一系列误区，同时认可各种规约和契约的意义作用。比如，自然界的事实性常常得

① Уолш Д. Социология и социальный мир//Новые направления в социологической теории. Гл. 2. М., 1978. С. 50.

② 同上书，C. 54.

到科学的认可，其中就存在着协议、规约和信仰的成分，因为对自然界事实性的认识需要科学家们形成某种研究范式，也即科学家之间的规约，范式发生变化，认识也将随之发生变化。作为人类活动、阐释、规约和契约的结果，社会秩序逐渐被认为是“自然性的”“永恒的”、不言而喻的东西。在认可人类以各种不同形式以及在各种不同程度上实现相互理解和达成契约的同时，社会现象学并非从形式上的严格规则视角去解释社会行为，因为“任何时候行为都不仅仅是形式规则的结果，规则只有通过对社会情境意义的常态解释并在日常生活语境中得以实现”[①]。

现象学指出，在社会学尚未出现之前，人们就借助于“日常生活构成物”并以一定的方式去建构对世界的认识，从而确定人们在文化和自然界中的行为方式和目的。社会性世界是日常性世界，是意义性世界，人类时刻都在感受该世界并不断对其做出解释。当然，在对社会性世界的社会学解释和日常解释之间应该划分明确的界限，这就引发出针对不同种类的规约或现象的社会学认知和日常认知问题。作为现实形式之一，社会日常生活具有某种认知性质，表现为对生活的高度意识和关注，不倾向于排斥对客观现实世界的信仰，而是排斥对客观现实世界存在的怀疑，并以特殊的方式去感受外在的“客体间性”（interobjectivity）和内在的“主体间性”（intersubjectivity）。日常性思维最重要的特征之一就是“类型化”，即创建“类型构成体系”。对世界的任何解释都是基于已有的知识，包括以往和当前的、群体的和个体的经验。现存的各种知识在初始阶段都是类型性知识。生活世界“前逻辑性经验”（胡塞尔语——本文作者注）的发生借助于生活世界

① Уолш Д. Социология и социальный мир//Новые направления в социологической теории. Гл. 2. М., 1978. С.58.

的类型化，呈现给人类的世界并非是感官材料的汇总，但却是个性化和特性事物的集合，人类视觉所见并非是色斑和轮廓，而是山峦、树木、动物……人类主体对类型结构的选择取决于客体所具有的主题关联，这类话语恰恰就是最基本的日常生活思维的逻辑推论[①]。而在日常生活思维结构中，人类并非仅仅单纯地感知一切客体，同时也在实现社会性世界结构的类型化，具体表现为人类的生活方式以及与环境的互动方式。所以，人类所达到的相互理解的途径，就在于建构基于个性主体意向的自身行为方式的类型[②]。

人类日常生活和思维中的交际互动依赖的是一系列类型化的“日常生活构成物”，其中包括可以预期的他人行为的构成物，等等。毫无疑问，在任何情况下，这种清晰或模糊的，甚至无意识的规约和契约的构成物都发生作用，因为这都是社会性和日常性知识的基本特征。日常语言表现为大量的事物和事件称名，并已建构为类型。

与行为模式相关的习俗、传统及道德等，可以被视为日常生活中的规约这一概念，并很难进行严格的科学定义，因为这涉及的是人类学中的问题，包括心理、习惯以及“文化定式”等因素。社会规约具有很强的默契性，“某种习俗的功能越具有象征性和间接性，这种习俗就越自然地被称为规约”[③]，人类行为的社会化方式与社会的政治结构、礼节、宗教等庞大的意义体

---

① Шюц А. Некоторые структуры жизненного мира. Пер. А. Н. Портнова, М. А. Кукарцева // Философия языка и семиотика. Иваново, 1995; Schutz A. *Some structures of the life-world* // Schutz A. Collected papers. The Hague, 1966. Vol. 3. C. 222-223.

② Шюц А. Структура повседневного мышления. Пер. Е. Д. Руткевич // Социол. Исслед. 1988. № 2. C. 123-133; Schutz A. *Common-sense and Scientific Interpretation of Human action* // Schutz A. Collected papers. Vol. 1 The Hague, 1962. C.123-133.

③ Сепир Э. Избранные труды по языкознанию и культурологии, М., 1993. C. 575.

系相结合，其中语言占据着独特的地位。在社会性世界的各种存在形式中，规约的存在不仅势在必然，而且还具有最重要的交际——认知功能。

语言的规约性本质已经得到普遍承认，“我们从小就习得语音、词汇、语法形式、句法结构以及其他语言形式，它们所具有的一定意义都是社会默认的结果，认为它们是客观对应物的象征。因此，语言是研究社会文化行为整体趋向的非常便捷的领域……”[①] 这就说明作为社会文化性默契，规约首先通过语言渗透到人类所有的认知活动，包括科学认知活动和日常认知活动，同时反过来又将规约因素带入认知活动。这种认识论并非将自然语言的本质视为特定的概念系统，而是将其视为概念系统建构和想象的途径。同时，“由于自然语言的操作功能，各种个体概念系统才得以转向某一社会群体公认的社会、文化、美学及其他价值观，转向具有社会意义的、规约的‘世界图式’，成为语言操作者社会性交际的必要条件”[②]。

各种社会规约与语言认知行为具有直接的联系，言语行为与言语行为之间存在着一定的意义指向和意义关系，也即对某一其他言语行为的期待，言语行为主体首先依据规约确定这种期待，并由于这一规约而充满期待的理由。当然，日常生活变化无常，情境复杂，在规约性思维中，人类的现实行为可能因多种意向而相互矛盾，但毕竟保存的还有其经验“意义”。

在社会性契约中，存在着一系列相近但不相同的概念，包括观念共性、语言共性、显性的合法约定、隐性的默认约定，等

① Сепир Э. Избранные труды по языкознанию и культурологии, М., 1993.С. 600.

② Павиленис Р. И. Проблема смысла. Современный логико-философский анализ языка, М., 1983. С. 116.

等。观念共性实际上是一种行为共性，指的是一部分人的行为与另一部分人的行为具有意义关联，但不是彼此模仿，也不是同类行为；语言共性可以理解为思维类型现象，也即所谓的“理性现象”，在认知活动中具有特殊意义，旨在期待他人对一定行为预设意义的理解。而显性约定与隐性约定之间则存在着大量的过渡现象。需要指出的是，上述概念有别于专门的社会学概念（比如“等级规约性”等），在研究作为社会交际行为的认知活动中具有普遍意义。至于唯理主义的“技术性”准则转化为经验性研究对象的问题，可以解释为该对象变成“行为的习惯性准则”，也即在某一社会共同体（甚至科学共同体）中被认同为是“正确的”和“必然的”东西。经验主义认识论视角下研究的所谓“内省”对象已经完全不取决于客观事实，“……逻辑和数学真值的规范意义因此成为所有经验科学无条件的先验现实”[①]。

唯理主义思想家一般认为其在解决某一问题时具有规范的正确性，具有客观意义。然而，就所谓“规范的正确性”理解方式的功能而言，本质上仍无法区别于对情感和非理性联系的纯粹的心理移情。理解或解释方式常常并非是什么“规范的正确性”，在多数情况下都是规约性习惯。再就是理解者或解释者的判断能力问题，如果偏离其习惯的理解或解释方式，那么“规范的正确性”也就成为“规范的不正确性”了。误读或误判对于人类而言非常普遍，人类认同的“规范的正确性”通常并非是真正的“规范的正确性”，而恰恰是“最通俗易懂的规约性类型”而已。所以，正确性与规约性、理性与非理性在人类思想中同构共存，人类通常以习惯、直觉和个人观点判断是非。

---

① Вебер М. О некоторых категориях понимающей социологии, Избр. Произведения. М., 1990. С. 591.

2. 人类认知活动的经验性问题和意义

规约问题曾经引起过卡尔纳普（R. Carnap）、奎因（W. Quine）等语言哲学家的讨论，并对其做出过各种评价。在科学的逻辑方法论方面，规约问题通常与理论或假说的选择相关。然而，无论是逻辑实证主义还是朴素现实主义的观点，都无法正确地评价认知活动中的规约问题。经验不仅仅为人类提供选择的机会，而且还指导人类，帮助人类选择“最佳途径”。如今，作为以往逻辑方法论意义上的规约问题再度被关注，被重新审视。作为交际活动的认知性结果和主体间性的必然现象，规约问题也应该被纳入人文社会科学认知研究领域。

对人类认知活动和结果发生影响的是以一定的客观化系统呈现的知识表象（经验类型），也即交际形式或文本。在人类认知活动中，最重要的和显而易见的规约是语言符号系统，包括自然语言、人工语言以及其他的一些逻辑符号系统。这些语言符号系统并非是独立的实体，并非自行将世界类型化并强加于人类，而是历史形成并基于规约的结构体，具有客观性前提，反映人类的社会文化经验，服务于人类的认知活动和交际活动。

与自然科学相同的是，在人文社会科学中也广泛提出了规约的各种形式，诸如语言符号形式、逻辑规则、检验方式和单位、认知标准，等等。但与自然科学不同的是，在自然科学知识中，对检测单位的选择在大多数情况下都是枯燥乏味的常规性约定，而在社会性认知中，规约则成为特性量化的难题。比如，在具体的社会学研究中，社会属性、人们的见解等特性并没有确切的检测标准，其中包含的只是规约性因素以及所涉及对象的特性分类，等等。规约形成的重要因素还有世界观原则，在语言研究中表现为析取文本特性单位的基本方法。在经验社会学中，大量使用的是以经验材料为基础的规约性研究方法，也即对各种现行的规约进行审视。需要指出的是，在理论结构要素向经验材料转化的过程中，由于没有形成相关的概念机制，在很大程度上导致规约出现确定性与非确定性问题。人文社会科学的特点和问题很难量化处理，很难使用数学方法，很难进行实验检测，特别是很难设计计算模型。计算语言学证明，语言学家遭遇的主要困难之一是不具备将语言学基础理论准确运用于对具体语言材料进行应用研究的方法机制。由于难以将相关语言学理论付诸实践，导致语言学家“被迫依赖多个常常相互排斥的假说。在这种情况下，那些不自相矛盾并符合完整和简化标准的理论才能更好地表现出优势”①。

在这一话语中，规约问题显然就是假说（理论）的选择问题，其标准就是形式上的真值。几十年前，人们试图以乔姆斯基（N. Chomsky）转换生成语法的深层结构为基础实现机器翻译，但历经挫折后才发现，“转换分析方法”（Transformational analysis）与机器翻译并无关系。计算语言学的情况同样如此，无条件依据“有声语言表现为离散性音素集合”的假说，试图实现人类话语的自动识别和理解。然而，连贯话语识别系统设计上的失败表明，这一假说没有反映音素最重要的特性，使得计算语言学转向音素的规约特性。所以，如果不考虑假说以及概念、检测单位和方法的规约性选择，将不可能在语言科学乃至人文科学中使用自然科学的探索方法；在将语言学理论应用于经验性语料的过程

① Пиотровский Р. Г. Лингвистические уроки машинного перевода, Вопр. Языкознания, 1985. № 4. С. 18.

中，如果缺乏概念和操作机制，或者该机制不完善，直接检测和实验假说的可能性也将不可能存在。必须随时对假说的理据进行内省，明示和审视进入假说的各种清晰的或模糊的规约，有意识地克服将规约内容无条件本体化（ontologized）的倾向。

规约反映的是人类认知活动的交际性。“尽管个体可以发现新真理，发展新概念，但这最终还是群体的事情……”[①] 只有在社会群体认同的情况下，个体提出的科学概念、假说和方法才能够成立并确定其地位。

3. 结语

规约实际上是一种经验科学的游戏规则，并支配语言学原理的变化，认知活动的交际特性也因此得到承认。在语言认知的交际性话语中，语言学面临科学性挑战。人类的知识不可能都是科学性知识，人类语言中也不可能都充斥着具有真值标准的所指性语句，隐性的世界想象（世界图式）、文化、传统、心智等主体范畴中的重要因素，以及语用原则和社会联系引发大量的“语言游戏”，这些“语言游戏”表现的是最普遍的认知活动的交际特性问题。尽管语言学具有区别于自然科学的惯性研究方法，其“科学性”和“理论性”在本质上也常常表现为某种纯粹的语言学知识及历史知识的功能，但这并非意味着语言学不可能成为科学和客观的形式化知识，问题是如何科学地解决各种大量的显性和隐性的社会一心理规约问题。可以说，语言学理论及应用研究远无止境。

① Тулмин См. Человеческое понимание, М., 1984. С. 208.

现代俄语句法理论中词的形式问题

刘珏　宁琦

长期以来词的形式问题都只是词法的研究对象，被忽略于句法研究之外，直到20世纪70年代才真正引起句法学界的注意并得到了专门的分析研究，最终得以确定为句法研究中不可缺少的方面。词的形式在俄语句法研究中能够获得应有的重视，与众多语言学家的积极探索密不可分，他们推动了句法理论微观研究领域的发展，取得了显著成就，其中以什维多娃（Н. Ю. Шведова）主持编写的《80年语法》中"词的形式句法"以及佐洛托娃（Г. А. Золотова）的功能句法观中的句素理论最为典型。本文简要回顾了这两位俄罗斯语言学家有关词的形式在句法功能及句法特征上的相关论述及研究成果，在此基础上综合二者的观点和方法对词的句法形式的功能类型及其在句法位上的实现问题做出说明和阐释。

1. 有关词的形式的句法问题——什维多娃与佐洛托娃的相关研究

1969年佐洛托娃撰文《论词的句法形式》[①]对词组作为最小句法单位提出了质疑。她认为词的句法形式（синтаксическая форма слова）是比词组更小的句法单位，句子的建筑材料应当是词的句法形式（扩展的及非扩展的），而不是词和词组。而此前，

① Золотова Г. А. О синтаксической форме слова // Мысли о современном русском языке:сб. статей. М., 1969. С. 66.

1954年苏联科学院《俄语语法》(简称《54年语法》)中将句法单位确定为词组和句子，认为句子是言语基本交际单位，词组同词一样都是称名单位，是句子的建筑材料，词的形式并未被列入句法研究范畴中。佐洛托娃认为随着句法理论的发展，这样的解释需要进一步的发展和明确。

1971年什维多娃撰文《论词的形式的句法潜能》①，她指出1970年出版的苏联科学院《现代标准俄语语法》(以下简称《70年语法》)中没有专门描写词的形式的句法部分，而这对于描写句法而言无疑是不可缺少的，"描写句法应该包含对词的形式的所有功能的系统性描述并明确这些功能对词的词汇语义的依赖性"。她依据《70年语法》中的相关理论对构建《词的形式的句法》(《Синтаксис формы слова》)做出了初步理论尝试。文中什维多娃论述了词的形式的句法功能以及在这些功能的基础上抽象出来的词的形式的句法意义。首先，她将句法分为四个方面：(1)词的句法能力；(2)简单句句法；(3)复合句句法；(4)篇章句法。并指出词的形式句法与上述四个句法方面都相关。其次，她对词的形式在构建非交际句法单位、交际层面单位以及直接在交际行为中的功能进行分析，划分出了词的形式的功能范围：(1)展词(主从)联系范围；(2)句子范围(包括句子的模式成素以及对句子扩展时句子内部出现的联系)；(3)广义中的称名范围；(4)语境限制的表述范围。并相应地将词的形式分别确定为：(1)词组的从属成分；(2)句子结构模式成素；(3)整个句子的扩展成分(限定语)；(4)句子内部组成的扩展成分；(5)复合句或对

① Шведова Н. Ю. О синтаксических потенциях формы слова // ВЯ. 1971. № 4. 另参见该文的中译文《论词的形式的句法潜能》，见Н. Ю. 什维多娃：《俄语新论：语法·词汇·意义》(上)，宁琦译，北京大学出版社2011年版。

话统一体的成分；（6）篇章成分；（7）称名单位；（8）依赖于语境的单个表述。从而确定了词的句法形式的功能体系。接着，她在词的形式的句法功能基础上概括出了词的形式的句法意义，并将它们划分为：（1）展词意义；（2）句子层面意义；（3）称名意义。最后，她指出在分析词的形式的句法功能与句法意义时必须考虑词汇一语义限制因素，这些限制来自以该形式出现的词本身的语义、模式中其他成素的语义以及句子语义结构等。

值得注意的是，什维多娃在研究词的形式的句法问题时采用的术语为“词的形式”（форма слова），并将词的形式的句法功能研究置于句法范畴中，因此，“词的形式”确切地说是“句法范畴中的词的形式”。文中什维多娃并没有将词的形式列为句法单位（синтаксическая единица），而是将其视作句法对象（синтаксический объект），认为对该句法对象的研究可以放在句法的所有方面来进行，词的形式的句法能力实现于有关词的句法、简单句句法、复合句句法以及篇章句法四个方面。在对待词的形式同词组和句子的关系时，什维多娃认为词的形式作为基本单位构成词组和句子并且参与它们的扩展。

佐洛托娃对于词的句法形式作为最小句法单位的观点做出了进一步论证并反映在 1973 年出版的代表性专著《俄语功能句法概要》① 中，在这部著作里作者阐发了许多见解独到的句法学思想：提出句法研究形式－意义－功能三位一体原则，明确指出句法的最小单位为“词的句法形式”，确立了交际前阶段与交际阶段句法单位的等功能性并划分出三种基本类型句法功能等其他一些理论概念及观点，基于这些句法思想，佐洛托娃对词的句法形

① Золотова Г. А. Очерк функционального синтаксиса русского языка, М., изд. Наука, 1973.

式及其类型、词组、简单句模型、句法场等句法研究对象做出了独特的界定和诠释。其中围绕词的句法形式的论述可谓这部专著的核心内容，作者指出在句法交际前阶段，句法建筑材料的初级、最小单位是“词的句法形式”，她认为“词的形式”的说法尽管得到了一些语言学家的认可，但是该说法并不确切[①]。佐洛托娃不惜重墨对词的句法形式独辟章节着重描述，她从句法单位的三种基本功能出发将词的句法形式分为三类：非自由句法形式、自由句法形式和受限制句法形式，并对这三种类型的词的句法形式的功能特征分别作了描述。在谈及词的句法形式与词组及句子关系等问题时，她指出：词组不是句法的初始单位，它本身也是成分的组合，组成词组的成分正是词的句法形式。传统上认为的作为词组从属成分的格的形式以及前置词–格的形式事实上并不从属于“主导”词，而是具有其自身结构–语义能力。词的句法形式可以不通过词组进入句子，它可以构成句子成分、句子的限定语，离开词组词的句法形式可以组成句子，甚至是扩展句。此外，句子的最低限度述谓结构，句子模型是由词的句法形式通过述谓联系组合而成，而且它们的扩展及繁化也是借助于各种类型词的句法形式构成的[②]。

在什维多娃主持编写的1980年出版的苏联科学院《俄语语法》（以下简称《80年语法》）的第二卷（句法）中增加了《词的形式句法（概述）》内容，尽管这部分内容相较其他章节而言介绍得明显简要，且部分相关内容分别划入“词的主从联系及词组”和“简

---

① 对此佐洛托娃论述道：“某一格的形式并不具有唯一的句法功能，同一功能也可以由不同格的形式来实现，某一功能也不属于具有同一格形式的任何词，因此，句法的最小单位应该是形式—意义—功能的统一体。”此处论述参见 Золотова Г. А. 1973, С. 19—24.

② Золотова Г. А. 1973. С. 65.

单句”章节中，但同词组、简单句、复合句、句子的无连接词组合等一起被列入俄语句法研究范围，这表明词的形式句法是俄语句法研究不可缺少的组成部分。[①]词的形式是词法单位之一，此外，词的形式也具有一定的句法特征和能力，参与到句法结构的组成中，也就是说，词的形式既是词法研究对象，也是句法研究对象，而句法范畴中词的形式研究是在其句法特征基础上进行的。[②]

1982年佐洛托娃又出版《俄语句法的交际观》，该书是对《俄语功能句法概要》中所持句法观的进一步发展。书中作者强调，明确句法基本单位对整个句法科学构建的重要性，书中讲到，“有关句法结构单位的问题，在我们看来，是句法科学中的关键问题之一，对这些关键问题的回答构成了构建合理句法理论的必需条件。那些成为研究者们构建俄语句法体系基础成分的初始概念、单位，很显然在对该对象的任何观念方法研究中都是必需的。很难想象，语言不具备这样的单位而能形成自己在形式及意图上，在基础及复杂等级上灵活多样的句法结构”[③]。同时，她还指出，一些对于阐述词组及句子构建规则，对描写主从联系类型具有指导性的句法研究中，对进入句法联系的单位，对句法结构构成单位的问题缺乏明确性。佐洛托娃对句法的构成单位阐述了自己的观点，论证了同一词类内部不同语义—语法类型的词可以表达不同的句法意义，占据不同的句法位，甚至同一词的同格形式也可表达不同的句法意义，指出词往往被认为是语言不同层

① 不过，需要指出，《80年语法》没有将“词的形式”列为基本句法单位，其前言部分明确指出句法单位为词组、简单句和复合句，这些单位是只属于句法的句法单位，而词和词的形式也进入句法范围，它们参与句法单位的构成，但它们不只属于句法，同时也属于词汇及词法。

② Русская грамматика (том II. синтаксис). М., изд. Наука, 1980. С. 5-7.

③ Золотова Г. А. Коммуникативные аспекты русского синтаксиса(изд.6-е) , М., изд. КомКнига, 2010. С. 42.

面单位，但是这种看法并不适用于句法单位的需求。她把词分为词位词（слово-лексема）和句素词（слово-синтаксема），指出句子成素的称名手段、句法链条上与其他环节发生关系而成为句法单位的环节不是词位词，而是句素词。[①] 她在句法功能的三种主要类型的基础上将句素分为自由句素、受限制句素和非自由句素，并指出句素的功能是由具体的句法位来实现的。

1988年佐洛托娃的《句法词典》问世，这部词典实现了构建俄语句素系统清单的尝试，对俄语句素在构成词组及句子模型中的组合特性进行了系统的描写。作者给句素（синтаксема）提出了明确的定义："同时作为基本意义的载体以及更为复杂的句法构造的结构成分，因而，具有一定句法功能的最小的、无法进一步切分的俄语语义－句法单位称为句素。"[②] 按照词类属性佐洛托娃划分出了名词句素、形容词句素、动词句素及副词句素四大类别，其中对名词句素的描写最为详尽，她按照不同的格的形式（一至六格，带前置词及不带前置词）以及它们的功能类型（自由句素、受限制句素、非自由句素），并结合它们的范畴－语义意义对其句法能力范围（диапазон синтаксических возможностей）做了全面描写。

通过上述分析可以看出，什维多娃和佐洛托娃这两位语言学家尽管由于研究角度和所建立的语法体系性质不同，在词的形式能否列为句法单位等问题上持有各自的看法，但是她们都强调，词的形式应置于句法范围中考察，都指出传统俄语句法研究对词的形式问题关注不足，而且她们在各自的研究中都将词的形式、

① Золотова Г. А. Коммуникативные аспекты русского синтаксиса(изд.6-е) , М., изд. КомКнига, 2010. С. 48.

② Золотова Г. А. Синтаксический словарь, М., изд. Наука, 1988. С. 4.

词的词汇语义及词的句法功能特征三方面结合起来，对句法理论中词的形式问题进行了全面细致的描写。综合两位学者的观点及方法，我们采用句素这一术语，分别从词类属性、句法功能及结构－语义特征的角度对句素的类型及其功能体系做出描述。

2. 句素类型

2.1 从形式及意义特征入手，按照句素所属的词类范畴进行划分

佐洛托娃的《句法词典》和什维多娃主编的《80 年语法》都采用了这种分类方法，但是它们划分出的类型并不同，相较而言《80 年语法》分出的类型更全面，几乎涵盖了所有实词词类。它们之间最明显的区别在于对动词词形的划分。《句法词典》中把副动词、形动词及动词不定式都划分到动词的非变位形式中，详见下表。

<table>
<tr><th>词的形式
（Н. Ю. Шведова）</th><th colspan="3">句素（Г. А. Золотова）</th></tr>
<tr><td>1. 名词格的形式</td><td colspan="3">1. 名词句素</td></tr>
<tr><td>2. 动词变位形式</td><td rowspan="4">2. 动词句素</td><td colspan="2">动词变位（人称）形式</td></tr>
<tr><td>3. 代词格的形式</td><td rowspan="3">动词非变位形式</td><td>副动词句素</td></tr>
<tr><td>4. 形容词及形动词格的形式</td><td>形动词句素</td></tr>
<tr><td>5. 副词、副动词及比较级形式</td><td>动词不定式句素</td></tr>
<tr><td>6. 动词不定式形式</td><td>3. 形容词句素</td><td></td><td></td></tr>
<tr><td></td><td>4. 副词句素</td><td></td><td></td></tr>
</table>

综合上述两种不同的分类方法，我们对俄语句素在词类范畴方面的主要类型简要介绍如下：

1. 名词性句素，主要包含不带前置词及带前置词的名词句素，大多数情况下名词可以由代词替换指称，代词在词形变化及句法功能上与名词近似，因此，我们将代词句素也划入名词性句素范围[①]，但由于代词内部分类及所含意义较为复杂，不便统一描述，本文暂只探讨名词句素。名词句素在形式上表现为带前置词或不带前置词的名词的某一格形式，在句中可以占据的句法位有：句子述谓核心的构成成素，整个句子的扩展成分（全句限定语），也可作为句子成分的扩展成分，此外，名词句素还可直接作为独立话语。《80年语法》根据名词格是否受到句子中其他词的词汇－语法特征的限定，将名词格分为展词格（присловные падежи）及非展词格（неприсловные падежи），它们占据的句法位相应地称为展词位（присловные позиции）及非展词位（неприсловные позиции），展词位是受到句中其他词限定的句法位，非展词位不受词的限定，而是与该词在句中的句法作用有关。如 читать *книгу*；читать *быстро*；читать *с интересом*；Книгу подарили *мальчику* 中的 *книгу*，*быстро*，*с интересом*，*мальчику* 都受到句中其他词的词汇－语法特征的限定，属于展词格的形式。*Мальчик* читает；*Мальчику* весело ；*Мальчиков*— всего один；*У мальчика* много уроков；Книга прочитана *мальчиком*；*Мальчиком* он любил читать 中 的 *мальчик*，*мальчику*，*мальчиков*，*у мальчика*，*мальчиком* 属于非展词格的形式，该格的形式及意义必须在具体

---

① 代词对名词的替换不是无条件的，参见《80年语法》所述代词对名词替换的限制规则，第455—456页。

的句子结构中得到明确。[①]

前置词与名词格共同参与格的意义的表达，在句法中它们是一个完整的结构单位，如带前置词的名词格在表示时间意义时是由前置词的意义与名词格的意义共同完成的（*по вечерам, в час, к обеду, перед свадьбой, с двух до четырех часов*），同时《80 年语法》指出，前置词在句法结构中有着不同的功能：（1）参与词组的构成：мечтать *о счастье*；въехать *в город*；лежать *на травке*；опоздать *из-за дождя*。（2）前置词附属于语法主导词，离开主导词，前置词不能与另一词的形式组合，前置词与主导词形成不同融合程度的词汇－语法组合：мечтать *о (ком-чём)*；взобраться *на (что)*；въехать *в (что)*。（3）与词组的次要成分一起形成表意组合：*о счастье*；*в город*；*на травке*；*из-за дождя*，这种组合具有脱离主导词独立发挥功能的能力，可用于称名、单个表述，也可占据谓语、全句限定语等句法位，也能作为简单句内部扩展成分或是复合句的构成部分。[②]

无论是带前置词的名词句素还是不带前置词的名词句素都可占据展词位及非展词位，具有表达句子语义结构核心成分的抽象意义（主体、述谓特征、客体、带有主体－客体语义的复杂成分等）以及表达各种修饰限定意义的具体意义。以前置词 на+ 四格名词形式（на+что）为例，从其占据的不同句法位及表达的不同句法意义可描写如下：

на+что 处于展词位时，可表达：（1）必需信息的补充意义：опоздать *на поезд*；похож *на отца*；выше *на метр*。（2）客体意义：взглянуть *на собеседника*；согласиться *на просьбу*。（3） 限

---

① Русская грамматика (том II. синтаксис), 1980. С. 424.
② 同上书，С. 435.

定意义，具体可分为表示地点、方向：сесть *на диван*；падать *на землю*；дорога *на Берлин*；表示时间、期限：отложить *на следующую неделю*；продлить *на три месяца*；表示程度、数量、价格：снижение зарплаты *на 10%*；купить *на сто рублей*；表示目的、意图：поехать *на отдых*；передача имущества *на хранение*；表示结果：узнать *на свое горе*；работа *на износ*；表示确定、限定：цена *на бензин*；затраты *на чай*。

на+что 处于非展词位时，可表达：（1）述谓特征的意义。在句子中作谓语：Здоровье—только *на вид*；Всё угощение—*на стол*。（2）主体意义：*На шестнадцать комсомольцев* стало больше в нашей организации。（3）客体－疏状意义：*На работу* дано знать о случившемся。（4）主体－客体意义：*На троих*—одна палатка。（5）状态的主体：*На меня* напало раздумье。（6）全句限定语的限定意义：*На собственный страх и риск* принял решение。

2. 动词性句素，包括变位形式的动词句素和不定式形式的动词句素。形动词及副动词虽保留动词的某些特征，但在词形变化规则上更接近于形容词和副词，因此把它们分别列入形容词性句素及副词性句素。变位形式的动词句素在句子中主要用作述谓核心的构成成素，表达行为、状态等述谓特征的意义。动词的变位形式，包括动词的人称、时、式等的变化形式，按照佐洛托娃的观点，这种变化形式只构成句子模型的类型意义，不是对句子模型本身的改变，如表达主体及其行为意义的句子模型可有以下变体形式：*Я учусь*；*Ты учишься*；*Сын учится*；*Студенты учатся*；*Сын учился*；*Она училась*；*Студенты учились*；*Сын будет учиться*；*Учитесь! Пусть сын учится*；*Учился бы сын* 等。

动词不定式形式同名词性句素一样，也可占据展词位及非展词位，表达客体、限定、述谓特征等意义，在表达指称意义时，它不是对“事物”的指称，而是对“过程”的指称。占据展词位时，具体可以表达：（1）必需信息的补充意义：рад *познакомиться*；должен *помочь*。（2）客体意义：научить *рисовать*；намерен *уехать*。（3）限定意义，包括表达目的意义：звонить *поздравить*；приехать сюда *учиться*；评定意义：свобода *действовать*；наука *управлять*；客体－评定意义：право *выбирать*；потребность *любить*。占据非展词位时，具体可表达：（1）述谓特征意义：Наша задача—*развивать экономику*；Мы *пахать*, а вы руками *махать*。(посл)（2）主体意义：*Воспитывать детей*—дело не простое；*Курить*—вредно。（3）客体意义：Стало быть, это ты ему приносила *пить и есть*, Нелли? (Достоевский)（4）限定意义：Дайте мне *бумагу писать*；Это—нитки *вязать шарф*。

3. 形容词性句素，包括形容词句素和形动词句素。长尾形式的形容词句素及形动词句素在展词位时，要与其所修饰限定的名词句素保持性数格的一致关系。在非展词位时，可以表达述谓意义：（1）作为双成分句中的谓语：Рассказ—*увлекательный*；Вид у него—*рассеянный*。（2）与动词搭配作为句子的谓语成分：Он лежит *больной*。（3）作为具有双向联系的扩展成分：Отец приехал *первый* / *первым*。短尾形容词及短尾形动词几乎不具有展词位，在非展词位时，它们主要用作表达句子的述谓意义：Костюм ему *короток*；*Письмо получено*；Дома ему *рады*。

4. 副词性句素，包括副词句素和副动词句素。副词句素及副动词句素处于展词位时具有限定意义：читать *вслух*；поворот *налево*；*довольно* важный；читать *лежа*；наказывать *любя*。处

于非展词位时，副词具有述谓特征意义：Ум *хорошо*, а два *лучше*; Мы *пешком*；也可作为带有祈使意义的独词句：*Тихо! Сюда!* 副词和副动词还可用作全句限定语：*Отсюда* открывается панорама города；*Утром* был снег；*Проснувшись,* он забыл о раздумьях, мучивших его накануне。

2.2 从句素的句法功能入手，按照其在构建更高层级句法单位中的作用，对句素的功能类型进行划分

根据佐洛托娃的观点，句素作为句法中的初级单位，具有同其他句法单位在构建交际单位时同样的句法功能，依据句法单位的三种基本功能类型，佐洛托娃认为句素也具有这三种基本能力：

I. 作为独立话语的单位（功能 I）；

II. 作为句子主要成分的单位（功能 II）；

III. 作为词组（或词组等价物）成分的展词的单位（功能 III）。

根据句素的功能范围，佐洛托娃将句素分为三种类型：一种是使用不受限制的句素，这种句素可以兼具上述三种功能，它们是功能范围最广的句素类型，称为“自由句素”（свободная синтаксема）。其余两种都是使用范围受限的句素，只能具有上述两种功能（功能 II 和功能 III），称为“受限制句素”（обусловленная синтаксема）或一种功能（功能 III），称为“非自由句素”（связанная синтаксема），现在我们对这三种功能类型的句素做出简要解释。

a. 自由句素：使用不受限制的最小句法单位。它的句法能力范围最广，可以履行上述三种句法功能。俄语中名词的各种格的形式几乎都可作自由句素，只有极个别形式不能作自由句素，如带前置词 о (об, обо) 的四格名词形式不能用作自由句素。只作为非自由句素用于同动词的组配中表达一事物碰及另一事物的意义：Ребенок во сне чуть пошевелился, улыбнулся и *потерся* лбом *о подушку*。(Л. Толстой) 自由句素可表示的意义范畴种类很多，且可表示称名意义，用作标题，如《Кафе “Ромашка”》、《Жуковскому》(Пушкин)，《Над океаном》(Брюсов)。

b. 受限制句素：具有功能 II 与功能 III，既可作为句子主要成分亦可作为词组成分的展词成分的功能，其中功能 II 是其主要功能。以第三格名词为例，可用作句子的主体：*Мне* не спится, нет огня (Пушкин)；*Им* тишина по душе。作为事物、信息的接受者：Собственно, это письмо не *вам*. Но там есть кое-что и для вас (Чаковский)。表达述谓意义，作为与主体比较的出发点：Он *мне* муж, мне с ним жить до гробовой доски (Островский)；Снег *ей* по колено。在因果－意愿多述谓结构中，表达主体－客体意义，第三格名词具有双重功能，既是意愿行为的客体，又是因果行为的主体：Рекомендует *больному* больше двигаться。作为展词成分与动词、名词、副词等组合：И он перстень таинственный *мне подарил*. (Ахматова)；Целая моя жизнь была только цепь грустных и неудачных *противоречий сердцу и рассудку*. (Лермонтов)；До поздней ночи Сарториус не думал о приюте и ходил со скрипкой *параллельно общему движению* среди света, чистоты и тепла (Платонов)。与动词的展词成分构成所属关系：Друзья пожали *ему* руку；Дождь промочил *ей* все платье。

c. 非自由句素是句法能力范围最小的句素，它只具有功能 III。作为动词、名词等的展词成分，即只有跟随这些词，非自由句素才能进入交际单位。пить *чай*；любовь *к музыке*；властвовать *собой*；Он с отвращением вспомнил свои мечты *женитьбы на крестьянке*。(Л. Толстой)

从句素能否独立充当交际单位的情况来看，可把句素首先分为具有独立句法功能与非独立句法功能的对立的两类。通常来讲，单独的一个词很难表达清晰完整的意思，词只有相互联结才能组成语义充足的表述。具有不依赖于其他词的独立句法功能的句素只能是相对而言的独立句法单位，只有在一定的动态交际语境中才能表达相对完整的意义。句素作为句子的构成成分，特别是作为词组成分的展词成分本身是由于单个词难以实现复杂交际任务，其自身语义信息的不完整性必须通过与其他词组配来弥补，以实现完整语义表达的需求。静态视角下的词形都是非独立句素，词汇变化形式本身就体现着与其他词（词的形式）组配的潜能。词的句法功能的独立性与词的词汇语义饱和程度密切相关，词的语义饱和度越高，其作为独立结构的可能性越大；反之，词的语义饱和度越低，其句法功能的独立性越弱，结构组配能力越强。最典型的例子就是实词与虚词，实词可以作为独立的称名单位，而虚词不能表示具体概念意义，只具有与实词组配的能力。

2.3 从结构—语义角度出发，按照句素在句法结构中承担的不同语义角色来分类

根据句素在句子中的不同语义类型，可将句素大致分为主体句素、客体句素、述体句素以及表示限定意义的句素，如表示时间、地点、原因、结果、目的等意义。同一语义类型的句素可以包括不同词类属性的句素，如述体句素可以是名词性句素、动词性句素、形容词性句素及副词性句素（副动词除外），而时间句

素也可由名词句素及副词句素来充当。而且，按照词类范畴划分出的句素类型可以与不同语义类型句素相对应，如第三格名词（或带前置词）可以是主体句素：*Мне* холодно；可以是述体句素：Награда—*победителю*；可以是客体句素：противостоять *ветру*；уважение *к страшим*；可以是时间句素：*по утрам*；*к вечеру*；可以是原因句素：*по болезни*；可以是地点句素：движение *к Луне*；目的句素：приготовить *к проверке*。

此外，语义类型句素与功能类型句素之间也具有一定的关联。一般来说，语义类型句素中的主体句素、述体句素构成句子的最低限度述谓核心，表示限定意义的句素通常构成句子内部主要成分或整个句子的扩展成分。同一语义类型的句素可以占据不同的句法位，如地点句素：（1）作为独立的称名单位（功能 I）：*«В лесу»*。（2）作为不依赖于其他词的句子成分，构成最低限度述谓核心或是其扩展成分（功能 II），如：*В лесу*—тишина；Книга—*на полке*；*В саду* пахло землей и опавшими листьями. (Грекова)。（3）作为词组中其他词的扩展成分（功能 III）：Человек ответствен *за свое решение*, машина—нет. (Грекова)。可见，地点句素具有全部三种句法功能，属于功能类型中的自由句素。而客体句素意义及功能的实现只能借助于支配它的动词（或相应意义的名词等），只能作为动词等的附属成分发挥功能，即它不具有功能 I 与功能 II，而只有功能 III，因此，客体句素属于功能类型中的非自由句素。

3. 结语

通过分析，笔者赞同佐洛托娃的观点，认为句素作为基本句法单位以及功能句法的研究对象，是形式－意义－功能三方面不可分割的统一体，进入句法范畴的词必然同时具备这三方面的特性，缺一不可。对句素功能体系进行描写时，也必须结合句素的形式、意义、功能三个方面。

不过，佐洛托娃归纳出的句素的三种基本功能（功能 I、功能 II、功能 III）适用于所有句法单位，具有很高的概括性，但不便于学习及理解，按照她的观点，抽象的句法功能需要通过具体的句法位来详细说明。相较佐洛托娃的功能类型，什维多娃列出的词的形式的句法功能体系则显得清晰明确一些。因此，在描写俄语句素的功能体系时，可将两位学者的方法结合起来，先分出句素的三大功能类型，再结合句素类型实现的句法位加以说明，由概括到具体逐步进行描写，应该更便于对句素功能的理解。此外，需要指出，对句素的功能体系进行描写，首先是从句素的功能类型着眼，而表达同一句法功能往往可以使用不同的形式手段，因此句素功能体系是以词的形式的句法功能及句法意义为核心，结合不同句法形式的综合体。这里笔者以述谓特征意义为例，列出表达该功能－语义可采用的不同形式的句素，对其他功能—语义类型不做展开描述。表达述谓特征意义的句素有：（1）动词性句素，具体体现为动词的各种人称、时、体、态等形式：Мальчик *читает/читал(бы)/будет читать/ прочитает/прочитал(бы) эту книгу*；动词不定式形式：Его увлечение—*читать* книгу。（2）名词性句素，体现为不带前置词或带前置词的名词各格形式：Москва—*столица* России；Обувь—*отечественного произведения*；Письмо—*маме*；Вся операция—*одну миниту*；Он здесь *директором*；Человек—*без пальто*；Способность—*к рисованию*；Характер—*в отца*；Огород—*за домом*；Отец—

в гневе；以及部分代词：Подарок—*тебе*；*Таково* наше мнение；Книги у нас *всякие*；Он мне—*никто*；Играть—*некогда*。（3）形容词性句素，具体体现为形容词长尾、短尾以及形动词长尾、短尾：Книга—*новая*；Мальчик—*весел*；Дети—*испуганные*；Дверь *открыта*。（4）副词句素：Мы—*домой*；Книги *здесь,* а словари *там*；На юге *тепло*；Нам здесь *хорошо* 等。

俄语话语词的元话语功能研究

许宏

近年来虽然对话语词并没有准确的描述，但话语词已经被视为一种单独的语言单位。语言学家把保障话语连贯性，表示说话者和听话者之间的相互关系，向听话者传达说话者的态度的一类语言单位归入话语词这一范围。话语词赋予连贯话语的片段以话语地位，而该片段也正是构成话语词的辖域部分。缺乏所指，建立两者或多者之间论述的组成都是它们的标志。从各个立场研究话语词的学者们都将注意力集中到观察相似类别的词汇和表达。

韦日比茨卡（Вежбицка А.）表示，话语词可以被称为元话语单位。其详细地研究了书面文本的元话语单位以及它们的作用。卢金（Лукин В. А.）也将话语词称为元话语成分，认为该成分是文本的有机构成，是文本连接的手段。话语词将受众的注意力转移到作者认为更为重要的部分，帮助受众理解文本，活化复指或后指联系。韦普列娃（Вепрева И. Т.）在指出元语言构成时的广义和狭义理解时，选择作为现实词汇单位使用的元语言评论的反射作为自己研究的对象。另一些语言学家则将话语词置于更广的方面，将其看作是情境语用内容的言语单位。在我们看来，这些广义的理解使得话语词具有以下功能：强调功能、表达说话者对现实态度的功能、在话语中协调受话者的功能、复合结构功能以及元话语功能。元话语的范围比较宽泛，而话语词相对来说比较封闭，某种程度上它是语法化了的元话语，而元话语则是一个较为开放的体系，随时都有可能有新的词或短语加入进来。

1. 关于元话语

1978 年韦日比茨卡在《语篇中的元话语（以波兰语为例）》（«Метатекст в тексте (на материале польского языка)»）一文中指出，许多独白语篇中都隐藏着双声部，也就是说语篇是由“关于事物的话语”和“关于话语本身的话语”构成，说话者借助元话语加注话语本身的某个方面。“关于事物的话语被说明话语的话语似线般装订起来。在某种意义上这些线可以将关于事物的话语缝制成紧密的一个整体，使其具有很强的关联性。”这些“元话语”赋予语篇相关性，但是其本身却是“异质的物体”。在分离这些异质成分时，“我们可以借助‘剪刀’将双声性的语篇中的属于‘元声部’的那部分即‘元话语’剪切出来”[①]。

巴赫金语言哲学能让我们认识元话语的本质。巴赫金认为“言语本质上具有对话性”[②]。他认为不存在孤立的话语，话语和他人话语、说话者和他人处在程度不同的对话关系中。巴赫金的对话性思想，即“对话关系（其中包括说话者对自己语言所采取的对话态度）——是超语言学的研究对象”[③]；“没有逻辑关系和指物述事的语义关系，就全然没有可能出现对话关系。但对话关系

---

① Вежбицка А. Метатекст в тексте // Новое в зарубежной лингвистике. 1978, № 8. С. 403-405.

② 巴赫金：《〈言语体裁问题〉相关笔记存稿》，史铁强译，见钱中文：《巴赫金全集》（第四卷），河北教育出版社 1998 年版，第 194 页。

③ 巴赫金：《陀思妥耶夫斯基诗学问题》，白春仁、顾亚铃译，见钱中文：《巴赫金全集》（第五卷），河北教育出版社 1998 年版，第 241 页。

又不可归结为前两种关系，对话关系有它自己的特点”[①]。这个特点正是在于它的超语言属性。“不同表述之间的对话关系（这种关系也渗进每个表述的内部），属于超语言学。这种对话关系从根本上说，不同于语言体系中以及单个表述中各要素之间一切可能出现的语言学体系。”[②] 可以说，元话语是语篇对话性的直接体现：说话者为引导受话者更好地理解语篇而使用元话语，这是说话者期待被理解后参与对话的表现；表达对命题内容和受话者的评价、呼吁受话者参与的元话语，是直接的对话表现。元话语即是说话者和受话者的对话交际。

韦日比茨卡正是依据巴赫金的上述理论引进了元话语概念，其借助元话语解释了受话者理解说话者的进程：受话者不仅将他所听到理解的句子“翻译”成自己的思维语言，而且捕捉到这些句子间的联系，“揭开整体的思维结构”，从而掌握理解他所听到的。说话者在此刻所说的，如：*Начинает говорить...*（我们开始说……），*Делает оговорку...*（做补充说明……），*Переходит к основной теме...*（转入主题……），*Резюмирует...*（概括……），*Отвечает...*（回答……），在听者（或者作者，他也可能是篇章的注释者）的意识中产生了“双声性语篇”——所理解的说话者的句子的连贯性和注解本身。[③] 韦日比茨卡认为，元话语主要是由插入词和带有“言语”意义成分的短语，如：*В этом разделе я буду говорить о...*（在这一节里我将说……），*Потом перейду к...*（然后我们转向……），*В заключение я представлю...*（结束时我将提

① 巴赫金：《陀思妥耶夫斯基诗学问题》，白春仁、顾亚铃译，见钱中文：《巴赫金全集》（第五卷），河北教育出版社 1998 年版，第 243 页。

② 巴赫金：《文本问题》，晓河译，见钱中文：《巴赫金全集》（第四卷），河北教育出版社 1998 年版，第 318 页。

③ Вежбицка А. Метатекст в тексте // Новое в зарубежной лингвистике. 1978. № 8. С. 403-405.

出……），*До сих пор я говорил о...*（目前为止我说过……），*Затем я займусь...*（然后我们将讨论……），*Итак...*（总之……），*Потом...*（然后……），*Наконец...*（最后……）等构成，这些词经常用于讲座中，"操纵"听众的思维导向，预想到听众的期望。这些词还可以增加和强调已经说过的话的意义，将交谈者的注意力引到某个特定的事物上，强迫交谈者按照说话者需要的方式行动，完成某种言语行为。正是这些词被称为元话语单位，它的功能主要在于阐明"主语篇的含义"，换句话说，韦日比茨卡将元话语认定为在某个言语语境中有关当下言语的话语。

自韦日比茨卡提出元话语这一术语后，元话语成了语篇分析领域的研究热点。除了元话语这一术语外，俄罗斯学者们还使用了元言语（метаречь）、元交际（метакоммуникация）等众多术语表示它。关于元话语的描写，也是仁者见仁，智者见智。里亚布采娃（Рябцева Н. Л.）认为，"元话语——这是一种交际'指示'（дейксис），指示所述内容的主题，语篇的组织、结构和关联……元话语显示了说话者在叙述内容时的信息行为"[①]。里亚布采娃将元言语、元话语和元篇章等视为近义词。她认为交际模态是语句的必备特征，它是形成相应的信息、言语行为和评价语句的语言手段。显性的交际模态是说话者对自己交际状态反思的结果，它的主要效果在于实现交往本身的语境，比如：Что вы имеете в виду?（您指什么？）Зачем вы это мне говорите?（您为了什么跟我说这个？）Это вопрос или просьба?（这是问题还是请求？）显性的交际模态即体现在元语篇、元话语、元交际、元言语中。对于交际内容而言元话语属于次要的、辅助的，它的产生得益于

① Рябцева Н. К. Коммуникативный модус и метаречь // Логический анализ языка: Язык речевых действий. М., 1994. С. 90.

说话者的自指能力，它标记着说话者对交际状态的意识。反映在元话语中的交际反射使言语主体转化成意识主体。此外，里亚布采娃指出，元话语能体现语篇的语体：它赋予言语以正式化和角色的确定性。元话语显性化并加强了言语活动的施为性，将它们变为自检性的肯定语句。①

帕杜切娃在其专著《语义研究》(«Семантические исследования»)中将以说话者为言语和意识（包括感觉）主体的言语自我中心成分（эгоцентрические элементы речи）区分出"元叙述成分"（метаповествовательные элементы）。她指出，"因为它的说明中包括'言说'动词，所以按照语义说话主体需用元话语表达"②。沙伊米耶夫（Шаймиев В. А.）认为，元话语是一种"语用—语境的言语构成，它反映并操纵具体的主语篇（对象语篇）的生成、解释并（或者）领会的具体语境"。他认为语篇的元话语成分"指示了语用信息：语篇发出者（作者、编者、编辑、注释者等）的意向、语篇或者其作为创作客体的成分的名称，语篇展开的事实和语篇在其展开过程中的名称，语篇的受话者等"③。罗斯托娃（Ростова А. Н.）指出，元话语是"指示元语言意识——用言语的形式表达言语活动意识的结果"，它是"以标记语言为目的的语篇的一种变异"。④ 弗谢沃洛多娃（Всеволодова М. В.）认为，建立双声性语篇的主要成分是元话语，它是作者用来"减轻

---

① Рябцева Н. К. Коммуникативный модус и метаречь // Логический анализ языка: Язык речевых действий. М., 1994. С. 89-92.

② Падучева Е.В. Семантические исследования. М., 1996. С. 277.

③ Шаймиев В. А. Композиционно-синтаксические аспекты функционирования метатекста в тексте (на материале лингвистических текстов) // Русский текст. 1996, (4). С. 89.

④ Ростова А. Н. Метатекст как форма экспликации метаязыкового сознания. Томск, 2000. С. 55.

受话者对语篇的理解并更完整地掌握语篇”。[①] 在弗谢沃洛多娃看来，属于元话语的有直接、间接和准直接引语、插入结构等。

虽然学者们关于元话语的定义各有侧重，但研究者们都强调了元话语存在的重要性，对它的功能认识基本一致：元话语有助于引导受话者理解语篇的命题内容、能体现说话者对所述内容及对受话者的态度。它的功能主要体现在言语的三个主要方面，即篇章的线型构造方面、组织对话交际方面和解释信息即语码方面。下面我们就从这三方面来阐述一下作为元话语的话语词的功能。

对于元话语的分类，一些学者从不同的角度提出了不同的分类框架。有的学者从词汇角度来讨论元话语，而有的学者从功能的角度来研究元话语，更有学者从视觉的角度分析元话语。徐赳赳在对元话语理论进行研究的基础上将元话语分为三大类，即词语元话语、标点元话语和视觉元话语。[②] 我们所研究的话语词都属于词语元话语范围内。如前所述，话语词的元话语功能主要体现在言语的三个方面，这三个方面对应着篇章元话语功能、元交际功能、元语言注释功能。

2. 篇章元话语功能

首先我们来看一下篇章的线性构造方面。这里我们指的是元言语信息的结构构造类型，专门用于传递该类信息的元话语的功能。操纵篇章线型构造领域的元话语是独特的通航手段，借助该

① Всеволодова М.В. Теория функционально-коммуникативного синтаксиса: Фрагмент прикладной (педагогической) модели языка. М., 2000. С. 348.

② 徐赳赳：《关于元话语的范围和分类》，《当代语言学》2006 年第 4 期。

手段说话者（这个术语既可以理解为口头篇章的作者，也可以理解为书面篇章的作者）向受话者指示了正确理解该语句在篇章构成中的地位和角色。它们也提示了该用什么方法分配受话者的注意力，以使命题信息以最优方式掌握。下面我们以俄语学术语篇为语境，阐述一下话语词在此方面的功能。

这里的学术语篇主要指学术论文，它既是进行科学研究的一种手段，又是描述科研成果的一种工具。学术语篇通常具有开拓性的研究和探索，作者（即说话者）将其思维过程、论证过程和思维结果用语言记录并表达出来。科学真理本身无所谓逻辑性，但是如何将科学规律在学术语篇中进行论证、传递，逻辑问题就表现出来了。所以，学术语篇区别于其他体裁的语篇之处不仅在于它的规范性和充满专业术语，还在于它特殊的叙述方式。作者为了传递单义的新信息，要注重论述方式，语言文字要准确明白，推理要符合逻辑。因而，信息内容发展的显性指示，即元话语的正确合理使用显得尤为重要。它不仅能够保证读者正确解读语篇所提供的信息，而且帮助作者本身具体并逐层地组织语句。元话语的语词表达手段多种多样，其在语篇中会以一些独特的话语形式为标记，在结构上基本固定或半固定。学术语篇不仅是作者简单、客观地叙述研究成果的过程，而且还是一种主观地重构研究活动的过程，因此，另一部分话语词在语篇中表达的是作者的观点、态度，对命题的主观评议。学术语篇中的元话语除了常见的话语词外，还有相当一部分属于学术语篇特有的元话语，它们在学术语篇中也起着话语词的作用，传递的是涉及言语进程本身的信息。如：*ниже представим*（下面我们将提出），*надо отметить*（应该指出），*можно было бы утверждать*（可以肯定），*проводить сравнение*（进行比较），*ввести понятие*（引入概念）

等。我们将它们看作一个复杂的话语词，它的功能可以是促进独立，得出结果，做出结论，吸引、最大限度地强化听众的感官，执行元话语注释功能。笔者认为，正是在执行这个功能的基础上可以划分出一组接近成语化句子或者复合句的谓词部分的复杂话语词。复杂结构的合成话语词广泛运用于学术语篇中，虽然形式上并不是整体，但是承载了成语化的功能，模拟思维过程，是一种将读者引向共同思维活动的方式。在我看来，为我们提供了在语用方面将其视为“话语整体”的依据。

学术语篇的内容——科学知识不仅是作者认识活动的结果，而且是认识活动的过程。被客观化的知识决定了在语篇中作者应采取何种类型的言语去阐述、论证它；而被主观化的知识，即认识的主观方面，不仅要以逻辑语义联系为前提，而且还要以作者的思维操作为前提。因而可以说，学术语篇是反映科学思维操作的话语行为的逻辑上互相关联的连贯话语。而作者的思维操作过程是有一定规则的，学术语篇有它自己的“情节内容”，它的原型结构包括“开端”：设定任务、提出问题、引入研究对象、约定术语，这是指出“不知”（*незнание*）；然后是“展示”，展示从“不知”到“知”：提出假设，运用论据、例子，加确信息，强调重点，从已有知识和事实中得出推论等；最后是“高潮”：叙述结论、结果、新知的意义等。[①] 笔者认为，如果将语篇视为最后的成品，那么元话语就是作者在这一成品中留下的踪迹，从这个踪迹中我们可以观察到作者思维的操作过程，因而将学术语篇中标记这些思维操作的典型的语言手段划分出来是非常有必要

① Рябцева, Н. К. Ментальные перформативы в научном дискурсе // Вопросы языкознания, 1992a, (4). С. 19-20.

Рябцева, Н. К. Мысль как действие, или риторика рассуждения // Логический анализ языка: Модели действия. М., 1992b. С. 64.

的。莫斯科大学的博利沙科娃（Большакова Е. И.）和巴耶娃（Баева Н. В.）在《科学语篇话语结构自动分析》（«Автоматический анализ дискурсивной структуры научного текста»）一文中指出“属于典型思维操作的有证明结论、提出假设、引进术语和概念、援引事实和例证、得出结论等”①。我们将里亚布采娃的有关学术语篇结构中的三个方面加以细化，再结合博利沙科娃和巴耶娃的观点，把俄语学术语篇中的话语词的功能分成以下几类。

（1）提出问题、激活话题。这类作为元话语的话语词的主要作用就是标记问题或一个新话题的提出，话题的转换、偏离和返回等，它们有 *обсудим*（我们将讨论）、*перейдем крассмотрению*（我们将研究）、*продолжим рассмотрение*（我们继续研究）、*вернемся к*（让我们回到）等。

（2）给出定义。学术论文中常有许多重要或抽象的概念需要先下定义，才能展开后续的探讨。该类话语词即是指连接被定义项和定义项之间的标记语，俄语中有 *определим*（我们定义）、*будем называть*（我们称）、*под чем будем понимать*（将……理解为）、*чем называется что*（……称作……）、*по определению*（根据定义）等。

（3）提出假设。学术论文中作者通常在指出需研究的问题后要提出研究假设。这类的话语词有 *предположим*（假定）、*допустим*（设想）、*выдвинем гипотезу* (*предположение*)（提出假设）、*возникает гипотеза*（产生假设）、*если допустить*（如果假设）、*можно допустить*（可以假设）、*можно сформулировать гипо-*

---

① Большакова Е. И., Н. Баева В.. Автоматический анализ дискурсивной структуры научного текста // Компьютерная лингвистика и интеллектуальные технологии. Труды Международной конференции Диалог 2004. М., 2004.

тезу（可以表达假设）、*наша гипотеза состоит в том*（我们的假设是）等。

（4）加确补充信息。该类话语词标记了其后出现的成分将补充其之前出现的成分或更精确地说明它，从而限制其外延。这类的元话语有 кроме того（除此之外）、*в частности*（其中包括）、*к тому же*（加之）、*при этом*（同时）、*притом*（并且）、*далее*（随后）、*также*（以及）、*сверх того*（除此之外）、*уточним*（更准确地说）、*мало того*（加之）等。

（5）强调信息、引起关注。该类话语词是作者用来突出、强调内容方面重要的成素，提请读者注意力集中，从而使读者更容易理解作者的思想。属于这类元话语的有 *прежде всего*（首先）、*следует отметить*（应该指出）、*особо подчеркнем*（特别强调）、*важно подчеркнуть*（必须强调）、*большое внимание уделяется*（给予关注）、главное（最主要的）等。

（6）换言注释。此类话语词标记了言语表述方式的转换。作者通过自动修正、借代、加确等手段调整语篇的个别部分。作者用它们将前后意义相近的描述连接起来，虽然它们的表述方式不同，但却是同义或同指。常见的有 *то есть*（也就是）、*вернее*（更准确地说）、*или*（或者）、*а именно*（即）、*по-иному*（按另一种方式）、*точнее*（确切地说）、*иначе*（按另一种方法）、*иначе говоря*（换句话说）、*иными словами*（换言之）、*другими словами говоря*（换句话说）等。

（7）比较、对比。从某一角度来比较或对比两件事，它们之间或有差异，或情况相反。常见的有 *с одной стороны*（一方面）、*в отличие от*（与……不同）、*в противоположность*（与……相反）、*вместе с тем*（同时）、*в то время как*（而）、*напротив*（相

反)、*наоборот*(相反)、*сравним*(比较)、*необходимо сопоставить*(必须比较)等。

(8)援引实例。此类话语词的功能就是引出例子、证据，为论证服务。学术论文中实例的出现频率是很高的，它们在客观上起到使话语具有实据性的功能，而且也展示了作者对讨论话题的熟悉程度。常见的有 *например*(例如)、*так*(比如)、*к примеру*(比方说)、*показываем на примере*(用例子表明)、*остановимся на примерах*(举例)、*обратимся к примерам*(举例)、*примером является*(例子是)、*для иллюстрации приводятся примеры*(援引实例)等。

(9)表达意见、评价。这类话语词是作者对命题的主观评议，它涉及主体的态度，能够使话语信息显得更客观、更严谨、更周密。比如，对于一些无定量或无定指的话语词(如 *в некоторой степени* 在某种程度上、*немного* 稍微)，作者通过利用它们的范围、程度、数量的伸缩性，把一些作者个人认为正确，但事实又不能完全肯定的话语，表达得与实际情况更加接近，避免得出主观的结论。而当作者对自己论述的准确性把握很大的时候，作者也会使用明确表达的话语词标识其对某个命题的确定性，强调作者的话语权(如 *с достаточной степенью* 在很大程度上、*как известно* 众所周知、*общеизвестно* 大家都知道、*очевидно* 显然、*по-видимому* 看来)。此外，作者还可使用评价性话语词来对话语中的命题进行评价，或对自己的言语行为进行评价(如 *целесообразно считать* 合理地认为、*к сожалению* 很遗憾)。

(10)总结、概括。该类话语词就是把前面已经说过的话加以归纳，它强调了语句和前面语句的因果制约性，并引导读者领会结论。这种归纳经常借助概括前述信息的语句实现通报信息的最小化，主要是帮助读者掌握作者的意图，表达了话题的结束。属于这一类的主要有 *таким образом*（因此）、*итак*（总之）、*(одним) словом*（总而言之）、*в итоге*（结果是）、*следовательно*（所以）、*в двух словах*（概括地说）、*в конечном счете*（归根结底）、*подводя итог*（做总结）、*проще говоря*（简单说）、*короче говоря*（简言之）、*вообще говоря*（一般说来）、*заключим*（做结论）、*можно заключить*（可以做结论）等。

有观点认为，作为元话语的话语词完成的只是结构作用，它的功能归于根据篇章句法的规则保证语句间的形式联系。我们却认为，由元话语所建立的语篇成分间的联系不仅具有形式－语法和逻辑－语义作用，而且还具有语用特性。通过将这些话语词引进篇章说话者不仅实现了语篇各部分间的必要的语义过渡，而且表达了自己将这部分语句置于话语中位置的看法，指出了它的信息意义，给予了它在阐述语篇内容时所起作用的评价。

3. 元交际功能

言语的第二个方面，即说话者注解的对象，是组织对话交际（言语的相互作用）。在这种情况下我们指的是元言语信息的调节类型。在对话交际进程中说话者使用起着元交际功能的话语词。在它们的帮助下实现对交际双方的相互作用的支持和调节。

在对话交往的动态和多层次的过程中指向受话者注意力的元交际占有着特别重要的地位。通过对俄语对话的研究，我们发现说话者的话轮含有大量的针对受话者的元交际成分。我们来讨论一下实现该种元交际时说话者进行的主要的元言语行为。

保证交谈方的注意力集中在随后的语句上，使用类似 *слу-*

шай (*слушайте*)（听着）、*послушай* (*послушайте*)（听着）、*учти* (*учтите...*)（要考虑到……）、*имей* (*имейте*) *в виду...*（要注意到……）等的话语词。

话语词*слушай* (*слушайте*), *послушай* (*послушайте*)具有很高的使用频率。它通常用于疑问语句或祈使语句之前，以及提议完成某种行为的话轮（由几个语句组成）中：

（1）—***Слушай***, *Га-Ноцри, —заговорил прокуратор, глядя на Иешуа как-то странно: лицо прокуратора было грозно, но глаза тревожны, —ты когда-либо говорил что-нибудь о великом кесаре? Отвечай! Говорил?.. Или... не... говорил?* (М. Булгаков)

“**听着**，加啫兹里，”总督说，有些奇怪地盯着耶稣：脸色威严，但是眼神却慌乱，“你是否说过什么对伟大的恺撒？回答！你说过什么？……或者是……没……说过？”

*учти(учите)и имей (имейте) в виду*等话语词，它们使用于引入警告或威胁言语行为，表明说话者意图将自己的意思必须传递到听话者的意识中：

（2）—*Значит, будете записывать каждый день. Хотя бы по нескольку строчек. «Ни дня без строчки», как говорил некий француз по имени Эмиль Золя.* ***Учтите***, *—строго добавил он,—это приказ.* (А. Чаковский)

“就是说，您每天都得写。哪怕只写几行也行。‘没有一天不写上几行’，正如法国作家爱弥尔·左拉所说的那样。**您注意**，”他严厉地补充了一句，“这是命令。”

(3)—*Ой, Витя... Ну, поговори с нашим Жереховым. Я его сейчас вызову. Только он большой болтун и враль,* ***имей в виду***.*—Вдруг она спросила:—Тебе деньги нужны?* (Ю. Трифонов)

“哎呀，维佳……那好吧，你跟我们的日列霍夫谈一谈，我这就叫他出来。不过他是个饶舌鬼和吹牛大王，**你可得注意点**。”她冷不防问道，“你需要钱吗？”

话语词 видите ли 用于说话者想说明前述语句的场合。它含有呼吁听话者试着理解随后的解释的意思。比如：

(4)—*Вы будете на празднике Роландаки?—спросила Анна, чтоб переменить разговор.*

—Не думаю,—отвечала Бетси и, не глядя на свою приятельницу, осторожно стала наливать маленькие прозрачные чашки душистым чаем...

—Вот ***видите ли****, я в счастливом положении,—уже без смеха начала она, взяв в руку чашку.—Я понимаю вас и понимаю Лизу. Лиза—это одна из тех наивных натур, которые, как дети, не понимают, что хорошо и что дурно. По крайней мере она не понимала, когда была очень молода. И теперь она знает, что это непонимание идет к ней. Теперь она, может быть, нарочно не понимает,—говорила Бетси с тонкою улыбкой.—Но все-таки это ей идет.* ***Видите ли****, на одну и ту же вещь можно смотреть трагически и сделать из нее мученье, и смотреть просто и даже весело...* (Л. Толстой)

安娜为了转换话题，问道：“您去不去参加罗兰达卡夫人的庆祝宴会？”“我不想去！”培特西回答说，连自己的好友也没看一眼，就把茶往透明的小茶杯里倒。……“**您看**，我现在非常地幸福，”她端起了茶杯，收敛起笑容说道，“我理解您，也理解丽莎，丽莎天性单纯，像孩子一般，不懂得什么是好，什么是坏。至少年轻时不懂事。但现在她知道了，这种不谙世事对她适合。

也许她就是故意装作不懂事。”培特西微妙地笑着说，“但不管怎样，这适合她。**您也知道**，对同一事情，可以看得悲观，那就感到很痛苦，也可以看得轻松，甚至很快乐。或许，您对事情的态度有点悲观了。”

能实现元交际功能的还有 *согласитесь...*（您要同意……）、*сам понимаешь...*（你自己明白……）、*сами понимаете...*（您自己明白……）等类似的这些话语词，通过它们说话者援引交谈方赞同他的知识或意见。如：

(5)—*И вот тогда-то, прошлою весной, случилось нечто гораздо более восхитительное, чем получение ста тысяч рублей. А это,* ***согласитесь****, громадная сумма денег!* (М. Булгаков)

“……突然间春天来到了，透过不很透明的玻璃我起初看到的是光秃的后来是披上绿装的丁香树丛。就在这时，去年春天，发生了一件远比得到十万卢布迷人的事情。而这，**您得承认**可是笔巨款！”

这些话语词起到既包括对方又包括自己的作用，目的在于保证交往在志同道合的条件下进行。

使用 *я сказал...*（我说过……）、*я говорю...*（我跟你说……）、*тебе говорят...*（对你说……）、*слышишь?*（你听见没有？）之类的话语词，经常是表达说话者认为加强语气的效果是必需的。通常这类元交际伴随着指令类言语行为（禁止、命令、请求、警告、威胁），由此提高了祈使对方行动的强度。如：

(6) *Началась другая гонка: человек догонял человека.—Стой, тебе говорят!—крикнул Иван.* (В. Шукшин)

于是又开始了一场追逐，这回是人追人。“站住，**你听见了没有！**”伊万喊道。

如果说在篇章的线型构造方面作为元话语手段的话语词的语用功能并不总是优于其他功能，那么在组织对话交际方面使用话语词的情况下，正是语用功能处于第一位。该类交际的主要目的是增大语句语势的强度，并由此达到所期待的言后效果，也就是影响听话者。

4. 元语言注释功能

经常成为说话者注释对象的言语的第三个方面是语码。该类元言语信息可以定义为解释信息，因为它用于保证对语码的正确解释。传递这样信息的手段所完成的功能属于元语言功能。它的实现最明显地表现在言语的内部对话性上，关于这巴赫金曾写道："我们同自己说出的话，不论是整篇话语还是它的某些部分，以至同其中个别的词语，也都能够发生对话关系，如果我们设法摆脱自己的话语，说话时内心要留有余地，保持一定的距离……"[①] 它的具体的功能表现在引入称名，使受话者关注称名。

吸引受话者关注称名，这类的话语词有 *буквально*（确实），*даже*（甚至），*прямо*（简直是），*как бы*（好像），*как будто*（仿佛），*просто*（仅仅是），*попросту*（简直），*то есть*（也就是），*именно*（正是），*какой-то*（某个），*некий*（某种），*этакий*（这种的）等。话语词是独特的对所描写语境阐释方法的指示。它们操纵称名语用领域并由此与命题成分联系紧密。在言语过程中说话者会解释那些在对事物、现象、特征，行为等进行称名时有困难的语言符号。说话者使用话语词以将受话者的注意力引向称名

---

① 巴赫金：《文本问题》，晓河译，见钱中文：《巴赫金全集》（第四卷），河北教育出版社 1998 年版，第 244 页。

特点的主观性。比如，通过使用非固有的称名标记 прямо, просто, буквально，说话者预示了得益于更有效的、更“鲜明的”，经常“极端的”称名，拒绝了比较自然的称名。相应地，只有表达最大程度特征或行动强度的称名才能占据注释称名单位的地位。例如：

(1)—*А кто же эта Аннушка?*

Этот вопрос немного расстроил Ивана, лицо его передернуло.

—*Аннушка здесь совершенно не важна,—проговорил он, нервничая,—черт ее знает, кто она такая.* ***Просто*** *дура какая-то с Садовой. А важно то, что он заранее, понимаете ли, заранее знал о подсолнечном масле! Вы меня понимаете?* (М. Булгаков)

“这个安奴什卡是什么人？”这个问题使伊万有点慌乱，他的脸抽搐了一下。“安奴什卡在这里根本不重要，”他说，显得很急躁，“天知道他是谁。**只**不过是某个从花园街来的蠢货。重要的是他事先，您明白吗？他事先就知道关于葵花籽油的事！您明白我的意思吗？”

在分析话语词 *буквально* 的内容层面时，我们确立了反义的情况。如果只是从词的语义出发，那么可以说，*буквально* 决定了下述句子“准确的引文，逐字地同所说的相符合”。比如：

(2)—*О свиньях... это тут же... ces cochons... я помню, бесы вошли в свиней и все потонули. Прочтите мне это непременно; я вам после скажу для чего. Я припомнить хочу буквально. Мне надо буквально.* (Ф. Достоевский)

“关于猪群……这也在那儿……这些猪……我记得，群魔走进猪群并统统淹死了。您一定要给我读读这一段；以后我会告诉您这是为什么。我想一字不差地把它记住。我要**一字不差**。"

但是，如果我们将这个词用于它的元语言语用中，那么它就带来相对立的含义并预示着不准确的表述，经常指隐喻或夸张。比如：

(3) *Юлия Михайловна совсем потерялась—в первый раз во время своего у нас поприща. Что же до Степана Трофимовича, то в первое мгновение он, казалось, буквально был раздавлен словами семинариста; но вдруг поднял обе руки, как бы распростирая их над публикой, и завопил.* (Ф. Достоевский)

尤利娅·米海洛夫娜完全惊慌失措了——她来到我们这儿以后这还是头一次。至于斯捷潘·特罗菲莫维奇，他在最初的一瞬间似乎**的确**被神学校学生的那一番话压倒了；但他突然举起双手，仿佛要把它们渗到观众头上，并喊叫起来。

在《俄语虚词词典》《俄语语气词词典》中指出，то есть 位于语句首位时具有加确、解释意义。

(4)—*Но Алексея Александровича, моего знаменитого зятя, верно, знаешь. Его весь мир знает.*

— ***То есть*** *знаю по репутации и по виду. Знаю, что он умный, ученый, божественный что-то...* (Л. Толстой)

"那你一定知道阿里克赛·阿历山德罗维奇吧，我那位有名的妹夫。全世界都知道他。""我只知道他的名声和外貌。我听说他聪明，博学，很虔诚……"

то есть 在回答话轮中的使用时可以将称名意义一分为二。*то есть* 决定了说话者在使用称名符号时是主观的。主观内容并没有自己称名，现象的个性化和特殊性要求从听话者角度来进行补充说明。

то есть 被用作疑问句时表明说话者需要对所说的话加以解释。客观原因是普遍的，不具体的理由，对听话者来说并不充分，并且在答话中要求作出解释，可能要选出更为具体的论据。如：

(5) *И посмотрел прямо в суровые глаза «шефуни».—Статья-то именно сегодняшняя. Она сегодня и нужна.*

— ***То есть****?— не понял Дмитрий Иванович*. (В. Шукшин)

他朝着“首长”严厉的眼睛望了一下。“这篇文章正好是今天的，今天正需要它。”“**什么意思**？”德米特里·伊万诺维奇没明白。

综上，话语词可以作为元话语单位，有助于引导受话者理解语篇的命题内容、能体现说话者对所述内容及对受话者的态度。它的功能主要体现在言语的三个主要方面，即篇章的线型构造方面、组织对话交际方面和解释信息即语码方面。由元话语所建立的语篇成分间的联系不仅具有形式－语法和逻辑－语义作用，而且还具有语用特性。通过话语词说话者不仅实现了语篇各部分间的必要的语义过渡，而且表达了自己将这部分语句置于话语中位置的看法，指出了它的信息意义，给予了它在阐述语篇内容时所起作用的评价。如果说在篇章的线型构造方面作为元话语手段的话语词的语用功能并不总是优于其他功能，那么在组织对话交际方面，正是话语词的语用功能处于第一位。

О центральном термине современной лингвистики «языковая личность»[1]

Сунь Шуфан

1. Истоки возникновения термина «языковая личность»

Идея рассматривать существование и функционирование языка в связи с его носителем, то есть с человеком зародилась давно. С античности проблема «язык и личность» уже вызывала интерес у философов и лингвистов. Язык в античных трактатах определялся как совокупность имен вещей. «Споря о сущности именования, античные философы исходили из противопоставления совершенной природы несовершенному человеческому обычаю, закону, установлению, которому свойственны произвол, условность, случайность». [2] С XIX века в европейском языкознании проблема «язык и личность» обсуждалась при рассмотрении социальной природы языка, соотношения языка и речи, языка индивида и коллектива. Исторические предпосылки возникновения соответствующей теории языковой личности можно проследить в

① Настоящая статья поддержана ведущим проектом социально-гуманитарных наук Управления образованиия провинции Хэйлунцзян «Исследование лингвистической семантики в России» (1254z002) и программой научного коллектива для выполнения инновационных проектов философии и социально-гуманитарных наук провинции Хэйлунцзяни «Исследование российского языкознания» (TD201201) .

② Зубкова Л. Г. Общая теория языка в развитии, М.: Изд-во РУДН, 2003. С. 33.

трудах таких выдающихся европейских ученых, как В. Гумбольдт, Ф. де Соссюр, Э. Сепир и другие.

Центральное место в философии языка В. Гумбольдта занимает учение о языке и духе. Язык, по его мнению, это внешнее проявление духа народа. Разделение человечества на народы и племена, возникновение языков—это результат непрерывной деятельности, непрерывного возрождения духа.[①] В. Гумбольдт трактовал язык как «орган внутреннего бытия человека» и как выразитель духа и характера народа нации.

Ф. де Соссюр разграничил две стороны речевой деятельности—язык и речь. По его мнению, главное различие между языком и речью заключается в том, что язык социален, а речь индивидуальна. Социальность языка состоит в том, что он функционирует лишь в человеческом обществе. А речь—это акт воли и сознания отдельного человека, ей полностью распоряжается индивид, то есть человек.

Э. Сепир признавал язык социальным явлением. «Если ходьба, дыхание—врожденные биологические функции, то речь, язык, по его мнению,—чисто историческое наследие коллектива, продукт длительного социального употребления».[②]

Кроме того, большой вклад в разработку данной проблемы внесли известные русские лингвисты, такие как И. А. Бодуэн де Куртенэ, А. А. Потебня, А. М. Пешковский, В. В. Виноградов, Р. А.

---

① Шулежкова С. Г. История лингвистических учений: Учебное пособие /2-е изд., испр. и доп. М.: Флинта; Наука, 2006. С. 67.

② Шулежкова С. Г. История лингвистических учений: Учебное пособие /2-е изд., испр. и доп. М.: Флинта; Наука, 2006. С. 253.

Будагов и другие.

В 1889 г. И. А. Бодуэн де Куртенэ писал: «Человеческий язык, человеческая речь существует только в мозгу, только в “душе” человека, а основная жизнь языка заключается в ассоциации представлений в самых различных направлениях».[①] Он также писал: «Поскольку язык—психосоциальная сущность, причины изменений в языке следует искать в психической и социальной сфере».[②]

С 40—50-х годов XX века развитие лингвистической мысли ознаменовано активным изучением человеческого фактора в языке и постепенно становится центральной проблемой. В таких условиях возникает теория языковой личности, активно исполь зующая данные современной психолингвистики, социолингвистики, функциональной стилистики, лингвокультурологии и других гуманитарных наук.

Если обратиться к истокам употребления этого словосочетания—«языковая личность», то почти одновременно оно появля ется в 30-е гг. XX в. в работах Й. Л. Вайсгербера и В. В. Виноградова.[③]Но лишь в наши дни наименование «языковая личность» приобретает статус термина. Начиная с 80-х гг. XX века появляется целый ряд его определений. Коррелирующими с понятием

---

① Бодуэн де Куртенэ И. А. Некоторые общие замечания о языковедении и языке// Звегинцев В. А. История языкознания XIX-XX веков в очерках и извлечениях. Ч. 1. М.: Просвещение Наука, 1964. С. 154.

② Шулежкова С. Г. История лингвистических учений: Учебное пособие/2-е изд., испр. и доп. М.: Флинта; Наука, 2006. С. 163.

③ Иванцова Е. В. О термине «языковая личность»: истоки, проблемы, перспективы использования//Вестник Томского ун-та. 2010. Вып. 4. С. 24.

«языковая личность» выступают понятия, выражаемые терминами «говорящий», «субъект речевого общения», «коммуникант», «индивид».[1]

В российской лингвистике термин «языковая личность» впервые встречаетсяв книге В. В. Виноградова «О языке художественной прозы» (1930). Он исследовал две ипостаси художественной языковой личности—личность автора и личность персонажа. В. В. Виноградов отмечал, что «памятник—не только одно из произведений коллективного языкового творчества, но и отражение индивидуального отбора и творческого преображения языковых средств своего времени в целях эстетически действительного выражения замкнутого круга представлений и эмоций. И лингвист не может освободить себя от решения вопроса о способах использования преобразующею личностью того языкового сокровища, которым она может располагать».[2]

В китайской лингвистике также есть ученые, которые посвящают свои исследования проблеме языковой личности. Они занимаются изучением этой проблемы в основном с позиции сущности содержания термина, истоков его возникновения, разграничения разных направлений исследования и так далее. Например, профессор Сучжоуского университета Чжао Айго пишет, что теория языковой личности—это многогранное исследование функционирования языка, познание языка и говорящего челове-

---

① Вепрева И. Т. Языковая рефлексия в постсоветскую эпоху, М.: ОЛМА-ПРЕСС, 2005. С. 52.

② Виноградов В. В. О языке художественной прозы. М.: Наука, 1930. С. 91.

ка.[1] Профессор Чжэцзянского университета Сюй Гаоюй в основном дает свою интерпретацию концепций языковой личности, содержащихся в работах В. В. Виноградова, Ю. Н. Караулова, Г. И. Богина.[2]

Субъект речи характеризуется эгоцентризмом, что выражается в субъективности речи, поскольку человек говорящий в самосознании отражает соотношения между предметами и компонентами речевых актов. Основная линия развития современной лингвистики определяется антропоцентричностью научных исследований, их значимостью для человека, их ролью в процессе познания человеком самого себя и мира, центральным объектом исследования современной лингвистики стал носитель языка, то есть субъект речи, человек говорящий, иными словами, языковая личность.

2. Основные направления исследования термина «языковая личность»

С 80-х годовXX века проблема проявления личности в языке и общении начала активно разрабатываться философами, культурологами, психологами, лингвистами и т. д. Можно сказать, что «языковая личность» имеет отношение почти ко всем гуманитарным наукам. Она рассматривается с позиции истории, философии

---

① 赵爱国:《语言文化学论纲》，黑龙江人民出版社 2006 年版，第 121 页。

② 许高渝等:《俄罗斯心理语言学和外语教学》，北京大学出版社 2008 年版，第 70—73 页。

языка, лингвистики, прагматики, психолингвистики, социолингвистики, лингвокультурологии, когнитологии, этнолингвистики, антрополингвистики, лингвоперсоналии или лингвопортретологии. В общем, в языковой личности преломляются философские, социологические и психологические взгляды на общественно значимую совокупность физических и духовных свойств человека. Изучение языковой личности на пересечении различных областей науки обусловливает сложность, неоднозначность и многоаспектность подходов к определению данного термина, его структуре, основным характеристикам (языковая способность, языковое сознание, коммуникативная потребность и т. д.), способам описания данного термина, что привело к формированию разных векторов исследования.

К описанию термина «языковая личность» можно подойти с разных позиций: (1) с позиции психолингвистики — от психологии языка и речи (И. А. Бодуэн де Куртенэ, А. А. Потебня и др.); (2) с позиции лингводидактики — от закономерностей изучения языка (Ф. И. Буслаев); (3) с позиции изучения языка художественной литературы (В. В. Виноградов и др.); (4) с позиции антрополингвистики (С. Г. Воркачев); (5) с позиции лингвоперсоналии или лингвопортретологии (В. П. Нерознак). В соответствии с выше упомянутыми позициями можно отметить пять следующих основных направлений:

Первое направление: рассмотрение модели языковой личности, т. е. моделирование структуры языковой личности. Наиболее часто используются модели Ю. Н. Караулова и Г. И. Богина.

Ю. Н. Караулов описывает структуру языковой личности как трехуровневую: (1) вербально-семантический уровень, отражающий степень владения языком; (2) лингвокогнитивный уровень, отражающий картину мира языковой индивидуальности; (3) прагматический уровень, включающий цели, мотивы, интересы, установки[1] Модель Г.И. Богина является параметрической, имеет форму куба и включает в себя 60 компонентов, которые были получены через перемножение трех параметров (ось А—аспекты языка—субстрата языковой личности; ось Б—основные виды речевой деятельности; ось В—оценочные суждения.[2]

Второе направление: рассмотрение языковой личности как носителя национального языка и культуры, иначе говоря, разработка этно- и нацио- нально-культурных доминант (В. М. Богуславский, В. И. Карасик, Н. В. Уфимцева, Н. Л. Чулкина и др.). Концепция В. И. Карасика базируется на неразрывной связи этнокультурных и социокультурных начал в человеке, с одной стороны, и индивидуальных особенностей—с другой. Таким образом, под языковой личностью В. И. Карасик понимает личность коммуникативную—«обобщенный образ носителя культурно-языковых и коммуникативно-деятельностных ценностей, знаний, установок и поведенческих реакций».[3]

---

① Караулов Ю. Н. Русский язык и языковая личность /Изд. 7-е. М.: Изд-во ЛКИ, 2010. С. 245.

② Арискина О. Л., Дрянгина Е. А. Языковая и коммуникативная личность: различные подходы к исследованию // Вестник Челябинского государственного университета. 2011, № 25. Филология. Искусствоведение. Вып. 58. С. 15-16.

③ Карасик В. И. Языковой круг: личность, концепты, дискурс, М.: Гнозис, 2004. С. 22.

Третье направление: рассмотрение социолингвистических или психологических подтипов языковой личности. Это языковая личность ребенка, интеллигента, жителя деревни, ведущего и т. д. При изучении языковой личности с позиций психологии и психолингвистики внимание фиксируется на психическом компоненте языкового сознания. Среди ученых, принадлежащих к третьему направлению,— А. В. Захарова, Л. П. Крысин, Г. Н. Беспамятнова, Т. А. Ивушкина, М. В. Ляпон и другие.

Четвертое направление: рассмотрение логико-интеллектуальных характеристик языковой личности. Представителями данного направления являются Г. В. Ейгер, С. В. Лебедева, И. А. Раппопорт, А. А. Залевская и другие.

Пятое направление: рассмотрение перехода от языковой личности к речевой личности, иными словами, анализ соотношения понятий языковой личности и коммуникативной личности. Представителями этого направления являются О. Л. Арискина, Е. А. Дрянгина, Ф. С. Бацевич, Л. П. Клобукова, Е. Ю. Прохоров и другие. О. Л. Арискина, Е. А. Дрянгина считают, что языковая и коммуникативная личность связаны с различными подходами к исследованию. «Несмотря на повышенный интерес лингвистов к изучению "человека в языке", понятия языковая личность и коммуникативная личность предстают как динамические категории, сигнификативный компонент которых еще до конца не определился».[1]

3. Различные определения термина «языковая личность»

В процессе развития лингвистики проблема языковой личности обсуждалась неоднократно, что сопровождалось усложнением этого понятия. Вначале речь шла просто о человеке, затем о модели говорящий/слушающий и, наконец, о трехуровневой модели, разработанной Ю. Н. Карауловым. В связи с разными позициями и направлениями исследования имеются разные определения понятия «языковая личность». Как отмечают исследователи, само понятие до сих пор не является точно определенным, что связано с его сложностью, многозначностью и многоуровневостью. В российской лингвистике Ю. Н. Караулов—один из основоположников теории языковой личности, его концепция получила наибольшую известность. В его понимании языковая личность предстает как homo loquens вообще, а сама способность пользоваться языком—как родовое свойство человека (homo sapiens). Под языковой личностью в данной концепции понимается «совокупность способностей и характеристик человека, обуславливающих создание и восприятие им речевых произведений (текстов), которые различаются степенью структурно-языковой сложности, глубиной и точностью отражения действительности, целевой направлен-

---

① Арискина О. Л., Дрянгина Е. А. Языковая и коммуникативная личность: различные подходы к исследованию// Вестник Челябинского государственного университета. 2011, № 25. Филология. Искусствоведение. Вып. 58. С. 18.

ностью».[①] Как отмечает И. Т. Вепрева, современные концепции языковой личности—это чаще всего видоизмененные трактовки составляющих «по Караулову».[②]

Основным положением философского подхода к анализу языковой реальности в концепции А. В. Пузырева является понимание того, что за каждой личностью стоит культура общечеловеческая как нечто универсальное, всеобщее; национальная—как общее; социальная, профессиональная—как нечто особенное; индивидуальная—как неповторимое, единичное.[③] В соответствии с этими «ступенями сущности человека» А.В. Пузырев выделяет: личность мыслительную (точнее—мыслящую) как всеобщее; языковую личность (точнее—владеющую определенным языком) как общее; личность речевую (говорящую) как особенное; личность коммуникативную (точнее—коммуницирующую) как проявление единичного.[④]

С 90-х гг.XX века ученые пытаются разработать интегральное понятие языковой личности, которое представляется наиболее перспективным. Языковая личность становится стержневым системообразующим филологическим понятием. Большинством исследователей оно оценивается как интегративное, знаменующее начало нового этапа в развитии языкознания—антрополингвистики. «Современные понятия *языковая личность, дискурс, концепт*

---

① Караулов Ю. Н. Русский язык и языковая личность /Изд. 7-е. М.: Изд-во ЛКИ, 2010. С. 245.

② Вепрева И. Т. Языковая рефлексия в постсоветскую эпоху, М.: ОЛМА-ПРЕСС, 2005. С. 52.

③ Пузырев А. В. Опыты целостно-системных подходов к языковой и неязыковой реальности. Пенза, 2002. С.14.

④ Там же. С. 25.

имеют интегральный характер и подтверждают тенденцию современного языкознания к синтезу, междисциплинарной интеграции знания, расширению и укрупнению объекта исследования, в отличие от тенденции прошлых веков к атомизму, детальному анализу, чрезмерной дифференциации» [1] [Ольшанский 2004: 80] .

4. Заключение

Рассмотрение языковой личности как объекта лингвистического изучения позволяет системно исследовать взаимодействие всех функциональных языковых свойств. В связи с проведенным анализом мы делаем вывод: языковая личность обладает разными определениями в силу наличия разных научных позиций и направлений. В лингвистике под этим термином понимается личность речевая, коммуникативная, человек как носитель языка, взятый со стороны его способности к речевой деятельности, т. е. комплекс психофизиологических свойств индивида, позволяющий ему генерировать и воспринимать речевые произведения.

---

① Ольшанский И. Г. *Язык и языковая личность в условиях современного социального контекста*//РГСУ. Ученые записки. 2004, № 1. С. 80.

表态言语行为之情意——心理状态视角的言语行为

武瑷华

1. 引言

expressives 译作表态类（顾曰国，1994；索振羽，2000）或表达类（何兆熊，1989）言语行为，由于汉语动词“表态”具有专门的“表示态度”的意义，“表达”具有更加宽泛的“表示”意义（现代汉语词典，2012），本文采用“表态类言语行为”。表态行为的逻辑式为 EØ（P）（S/H + property），其中 E 为所有表态言语行为共同的言外目的——对基于真诚条件的命题内容的事态表示一种特定的心理状态，Ø 表示适切方向为零，（P）（S/H + property）为实施此类言语行为过程中所表示的不同心理状态的变量和归因于说话人或听话人的某种特性的命题内容（Searle, 1976: 13）。

心理状态是 Searle（1976）为区分五类言语行为拟定的三个基本维度[①]之一，与言语行为的意向状态密切相关，是言语主体通过话语对世界实施的一种主观操作，没有这种操作，话语与世界无法建立联系；心理状态决定话语（语词）与世界的适切方向，构成言语行为的成功条件之一——真诚条件。加深对言语行为所表达的心理状态的认识，对于更好地解释言语行为类型之间的区

① 三个基本维度指施事行为目的、话语与现实的适切方向和所表达的心理状态。

别，加强对语力显示手段的解释力具有显著的意义。

2. 表态类言语行为的心理状态

断言类言语行为所表达的心理状态都是对命题内容的“相信[①]”，指令类言语行为所表达的心理状态都是“希望听话人做某事”，承诺类言语行为所表达的心理状态都是说话人“意图[②]做某事”，宣告类言语行为所表达的心理状态都是零状态。“相信”“希望”“意图”以及“零状态”都是对命题内容与世界的关系的某种认知状态，其心理基础都是关于世界的知识，它们的内容满足真诚条件，因此都具有与世界的适切方向。表达“认为”心理状态的话语适切世界，表达“希望”和“打算”心理状态的话语要求世界适切于话语，表达“零状态”的话语与世界双向适切。与这些类型的言语行为相比，表态类言语行为所表达的心理状态较为特殊：“表态类言语行为不具有话语与现实的适切方向”（Searle, 1976: 12）。这是因为，此类言语行为所表达的心理状态基于一个前提，这个前提就是命题内容的真实性，以下称为“事实前提”。这个前提是语境预设的：我向你道歉是基于我踩了你的脚的事实前提。说“我向你表示感谢”“我在此表示反对”时，说话人既不是对世界的描述，也不是要求别人去做一件事或自己打算去做一件事而对世界有所改变。因此，表态类言语行为不具有话语与现实的适切方向，关于命题内容真实性的认知，即真诚条件，是前提，而不是话语陈述的内容，表态言语行为不表示命题内容与现实关系的认知心理状态。这一点可以得到汉语表态言

① 又译作“认为”。
② 又译作“打算”。

语行为的句法的支持：汉语表态言语行为动词不能后接认知类动词，“表示了解”“表示认为”“表示希望 / 打算 / 认识 / 明白 / 忘记 / 想象……”都不是恰当的言语行为。那么，说出“我向你表示感谢”“我在此表示反对”，说话人表达的是什么心理状态？显然是感谢和反对，即情感或意愿。情感意愿也是一种意向性，也是指向和关于外部世界的心理状态，只不过这种心理状态的内容是经过情感加工的。如果说“相信”“希望”“意图”“零状态”都是关于世界的认知体验，那么表态类言语行为所表达的心理状态是一种情感（情绪）作用下的态度体验。非情感意愿的心理状态不属于表态言语行为。如，[1] 中，虽然二级言者[①]斯托尔滕贝格实施的是“表示”言语行为，但其命题内容却不属于情感意愿，“表示”的心理状态是“认为”，真诚条件是相信命题内容为真，因此，这是一个断言类的言语行为：

[1] 北约秘书长斯托尔滕贝格 8 日表示，北约将继续支持格鲁吉亚加入北约。（新华社布鲁塞尔 6 月 8 日电）

由此可见，EØ（P）（S/H + property）中的（P）——不同的心理状态变量，可进一步明确为情感意愿范畴。

3. 知、情、意的心理学意义及其语义表征

心理学的研究表明，人的心理活动可以分为心理过程、心理状态与个性心理特征三种形态。心理过程是不断变化着的、暂时性的，个性心理特征是稳固的，而心理状态则是介于二者之间的，既有暂时性又有稳固性，是心理过程与个性心理特征统一的

① “二级言者”的概念由 Leech（1983: 208-209）提出。

表现。心理过程都是在一定的心理状态的背景中进行，都表现为一定的心理状态（Википедия, ст. Левитов Михаил Николаевич）。苏联和我国大多数普通心理学教材都将心理状态划分为认知的心理状态、情感的心理状态、意志的心理状态，即通常所说的知、情、意。而认知和情、意的心理学意义是不一样的，它们是心理活动的两个方面，“认知”基于对客观世界的反映和经验，以知识为操作单位，是其他心理活动的基础，“认知”的心理学含义包括“感觉”“知觉”“注意”“记忆”“思维”“判断”“认为”等；情感是以人的需要为中介的心理活动，是人对客观事物是否满足自己的需要而产生的态度体验（朱智贤，2010）。《普通心理学》就将心理过程分为“认知”与“情绪和动机”（彭聃龄，2001）。作为心理体验的情绪和情感是一致的，动机本来就属于意愿范畴。“情”与“意”协调一致，情感情绪产生意愿，意愿的动力来自情感情绪，二者合称为“情意”。

黎锦熙先生将心理动词分为表“经验过程”和表“情意作用”（张积家、陆爱桃，2007：118）的看法是符合现代心理学的。二者的区别得到了针对汉语 80 个常用心理动词的心理实验的证实。“从整体上看，汉语心理动词被分成两大类：（1）认知心理动词；（2）情意心理动词。认知心理动词都处于心理动词语义空间的 1、2 象限，情意心理动词大都处在心理动词语义空间的 3、4 象限”（张积家、陆爱桃，2007：121）。认知心理动词主要包括感觉、了解、认识、认为、知道、明白、打算、猜测等；认知心理动词没有表现出积极肯定和消极否定的特征；情意心理动词明显地表现出肯定与否定的评价色彩和积极与消极的极性，积极肯定的情感心理动词包括感谢、满意、同情等；消极否定的情感心理动词包括哀悼、担心、愤怒、愤慨等；积极肯定的意愿心理动词包括同意、理解、赞成、支持、欢迎、尊重、关切、关心、欣赏等；消极否定的意愿心理动词包括反对、怀疑、抗议等。

除语义系统的表征外，汉语情意的表达还涉及个别所谓的跨域使用动词，如，“祝贺”与“谴责”都是言语行为动词，具有言说意义，属于行域、知域、言域（沈家煊，2003）三个不同的概念域中的言域，但二者的言说方式又都与特定的情感相关联，“祝贺：庆贺；庆：谓心所喜而行也；谴：畏此谴怒。——《诗·小雅·小明》”（现代汉语词典，2012）。“祝贺”反映的是“喜庆”的心理状态，“谴责”反映的是愤怒的心理状态。汉语有“表示祝贺”“表示谴责”的表态言语行为。汉语动词的跨域现象被历时和共时的研究成果所证实（张雁，2012；李明，2004）。

除动词外，表征情意的还有形容词[①]：感谢、愤怒；名词：歉意、敬意等等。

认知的心理状态和情感的心理状态的区分以及它们的语义表征特点对言语行为分析具有意义：认知的心理状态及其语义表征与表态类言语行为无关。这得到了汉语表态言语行为的证实。[②]下面的例句，[2]、[3]、[4]为显性施为句，[5]为对表态行为的描述，它们分别表示情感——尊敬和赞赏、歉疚，意愿——反对、不服：

[2] 刚才你出神地望着这位妩媚动人的人间尤物而对我的好诗无动于衷，为此，**我向你表示敬意和赞赏**。

[3] 也许我事先没有告诉你们，让你感到太突然，如果是这样，**我向你表示歉意**。

① 形容词在汉语中常常与动词同形。

② 未注明出处的语料均来源于北京大学中国语言学中心现代汉语语料库和BCC语料库。

［4］“干脆到新学期前都我来做晚饭吧？”“咦，**我反对！**”

［5］苹果 App Store 将采用新的订阅分成模式，Google **表示不服**。(《人民日报》)

4.（S/H + property）条件下的情意

由于（P）（S/H + property）的条件限制，并非所有的情意都适合表态言语行为。根据 Searle（1976: 12）的解释，表态言语行为的“命题内容归因于说话人或听话人的某种性质（不一定是行为）。我不仅可以祝贺你赢得比赛，也可以祝贺你喜形于色。这种性质必须与说话人或听话人有相关性。我不会没有特别的考虑就牛顿第一运动定律的发现去祝贺你”。对表态行为来说，（P）既是心理状态，又是命题内容，“性质”（property）是足以引起说话人情感反应的说话人或听话人的某种特性，而情感是对客观世界与主体需要之间的关系的反应，因此，言者不会就牛顿第一运动定律的发现祝贺听者，因为此事不具有引起说话人情感反应的那种涉及双方利害关系的性质，也就不具有“与说话人或听话人的相关性”。由于情意是说话人的心理状态，那么（S/H + property）条件下的（P）应该是说话人表达的针对听话人的情意。① 不符合上述条件的情意表达，不是表态行为。如一个诗人抒发的情意对读者的感染力可能远远大于一个表态行为，但它是诗人审美的、非功利的、非针对听话人的。此标准可以鉴别具体言语行为的类属，不是针对听话人的情感意愿不属于表态行为的心理状态，如害怕、惊恐、爱好、喜好、想、愿意、希望、盼望等。

① “人”指交际主体，既包括自然人，也包括社会组织、机构。

5. EØ（P）言说方式

情意须明示，表态言语行为是一种明示情意的行为，而明示一定是一种专门的、有标记的言说方式。试比较汉语中的“表示”与“说”“告诉”，后两者在语义系统中为无标记意义。汉语不能说“我跟你说我的歉意”“我告诉你我的哀悼”。汉语言说动词“表示”具有“用言行表现出”的意义（现代汉语词典，2012），该义项是一种表示态度的明示方式。从非语言行为看，表态有敬礼、送礼、献花、作揖等明示情意的方式；而言语行为则为“用言语表现出”；还有非语言行为与言语行为并用的方式，如恭喜、祝酒，既有动作（作揖、手举酒杯），又有话语；非语言行为也可能以借喻的方式变为言语行为，如恭喜。

汉语最常见的表态言语行为有“致谢”“祝贺”“祝愿”“祝福”“道歉”等。根据《现代汉语词典》（2012），致：向对方表示；祝：表示良好愿望；道：用语言表示（情意）。汉语“致”“祝”“道”都有“表示”的意思，都是明示情意的言说方式。

除个别有损听话人脸面的负面情感意愿外（反感、讨厌、抱怨、指责、批评），一般情况下，表态言语行为都采用有标记的、明示的言说方式：表示慰问、表示同情、表示哀悼、表示抗议、表示不服、表示愤怒、表示失望。

6. EØ（P）与事实前提

情意是有情绪参与的心理状态，这也使（P）与其他言语行为类型的心理状态有很大不同。情意的表达 EØ（P）可以出于明显的利害关系的考虑，作为言语行为的理由包含在上下文中。例［5］是对一个基于利害关系的表态行为的描述：苹果 App Store 将采用新的订阅分成模式，这个事实有损 Google 的经济利益，Google 表示不服；例［6］包含一个对言者有利的事实；例［7］则包含一个有利听者的事实：

［6］**加征出口关税，有利于抑制量大价低产品的出口，提高产业竞争力**，我们表示欢迎。（中国纺织工业协会新闻发言人孙淮滨）

［7］**上次你得了第二名，这次获得冬季两项冠军，你很了不起**，我向你表示敬意！

而有时 EØ（P）的理由又是不确定的，如［2］和［4］，为什么言者对听者表示敬意和赞赏，为什么言者反对听者到新学期前都做晚饭，其理据性不清楚，“敬意和赞赏”“反对”完全出于言者的某种个人情感意愿。对于表态行为来说，重点是表达个人的态度体验，而不是说理，因此，作为前提的事实可以完全忽略：“**向你致敬！**”“**我抗议！我反对！**我要罢工、我要休假、我要升职、我要加薪、我要专车。”对比指令类言语行为和承诺类言语行为的真诚条件，可以发现，实施这两类言语行为时也有听说双方的利害关系的考虑，如请求的命题内容对言者有利，承诺的命题内容对听者有利，但这种考虑是基于对世界的一种共通的知识和经验，是言语行为的构成规则之一，对命题内容具有规约性。让对方做一件事或承诺对方自己做一件事，不同的说话人可能采取请求、命令、嘱咐以及发誓、保证、打赌等不同的言语行为，但心理状态都是一样的，即希望对方做某事和打算做某事。而表态行为则不一样，（P）既是心理状态，又是命题内容，它与事实前提之间没有共通的经验基础，哪一类事实前提对表达哪一种情意没有规约性。如对同一事实前提，不同人出于不同的需求以及在不同的情绪情感作用下可能有不同质的或不同程度的态度体验，表达为不同的心理状态和命题内容：A 获奖（事实前提），B 表示祝贺，C 表示敬意，D 表示赞赏；同一个人对同一件事也可能有不同的态度体验：A 获奖（事实前提），B 本想表示祝贺，但某种心理又使他表示敬意。因此，没有一个特定的情意可以作为表态类行为共同的心理状态，这也许是 Searle（1976: 13）所指出的“P 为不同的心理状态的变量”之意义所在。

7.（P）的主观性

情意本身就是以人的需要为中介的一种态度体验，表态言语行为之情意（P）具有主观性、个性的特点，语言层面表现为评价意义、语义语用的极性及程度意义。

表态行为的事实前提常常包含评价词语，如例［7］的“了不起”，例［8］的“好人”；语义的极性：表示反对——表示欢迎，表示哀悼——表示祝贺，表示赞赏——表示谴责，表示怀疑——表示理解，等等。有时极性特征是语用的，如祝你青春常驻；祝你福如东海，寿比南山。“青春常驻”“福如东海，寿比南山”都是极性特征，非主观情意，无客观性可言。类似的还有一生平安，天天开心。

［8］在这里也给所有的**好人**拜个年！祝你们**一生平安**！（央视春晚节目主持人）

［9］祝你生日快乐，**天天开心**！

这种意愿的命题结构看似与指令行为的希望相似，内容属于将来，然而祝愿不属于让对方去做事，只是言者的一种主观意愿。对比祝福行为与指令行为，它们的预备条件不同，前者无须听话人具备做 A 的能力，后者则必须具备这一条件，即说话人必须考虑听话人做 A 的现实条件；所以祝福不存在话语与世界的适切问题，指令必须以世界适切于话语为条件。

情意是有程度的：

［10］中国政府和人民向诺罗敦·莫尼列·西哈努克太后表示**深切**哀悼和**诚挚**慰问。（外交部新闻发言人洪磊）

［11］我也是当过兵的人，今天我以一个老兵的身份，向你表示**深深**的敬意。(《人民日报》)

［12］中方对发生在比利时首都布鲁塞尔的系列恐怖袭击事件表示**强烈**谴责，向遇难者致以**深切**哀悼，向遇难者家属和受伤人员表示**诚挚**慰问。（外交部新闻发言人洪磊）

8. 结语

表态行为逻辑式中的（P）“不同的心理状态变量”，可进一步确定为情感和意愿心理范畴，是一种以主体需要为中介的态度体验，汉语表征为情意心理动词。如果说其他类型言语行为的心理状态作为真诚条件对命题内容有规约性，那么表态行为的心理状态就是命题本身，情意的表达与事实前提之间没有规约性，重在态度体验，而非说理；情意的语言表征具有主观评价性、极性和程度特征。表态言语行为是一种明示的言说方式，在汉语中使用有标记的言说动词“表示”“致”“道”“祝”等。

Русские номинации в межкультурной художественной коммуникации

Ду Гуйчжи

Русская художественная литература пользуется в Китае большой популярностью и уважением. Шедевры русских классиков, давно вошедшие в учебники как для начальной школы, так и для выших учебных заведений, читаются поколениями китайской интеллигенции, а произведения выдающихся современных писателей переводятся и издаются и государственным издательством, и местными коммерческими издательственными организациями. Русская художественная литература—это открытое окно, которое познакомило китайский народ с великим Пушкиным, Толстым и др., и через которое китайские читатели знакомятся с русским народом с его национальными традициями, и с русской культурой вообще.

Известно, текст художественной литературы—это форма «эстетического общения», воспроизводящая модель мира[①], где во всей полноте отражается специфика национальной наивной картины мира. Так как каждый язык располагает своим арсеналом языковых средств и приемов, обслуживающих речевую

① Лотман Ю. М. Структура художественного текста, М., 1970.

деятельность на данном языке, при строении художественного текста автор выбирает слова и сочетания слов, грамматические формы и прагматические средства связи, опираясь на адекватное понимание этих компонентов в сознании читателя, и располагает их в предложении так, чтобы высказывание, служащее конечной целью речевого акта, могло быть воспринято читателем и переработано его сознанием в представления, отвечающие коммуникативному намерению автора. Понимание текста возможно тогда, когда толкования кодов автора и читателя совпадают, а когда коды автора и читателя в толковании полностью не совпадают, понимание текста оказывается невозможным. Однако между восприятием читателя и замыслом автора одной же языковой общности нет тождества, не говоря уж о тождестве между автором и инокультурными читателями.

Эти особенности художественно-образного освоения действительности делают возможным рассматривать литературу как одно из средств моделирования иноязычной социокультурной среды в процессе чтения литературного произведения, которое становится для иностранного читателя формой приобщения к новой действительности. Соглашаясь с мнением Н. В. Кулибиной по поводу того, что чтение литературного произведения—это особый, усложненный вид коммуникации, художественного (эстетического) общения, а «восприятие (чтение) художественного текста читателем-инофоном—это акт межкультурной художественной коммуникации, в котором могут быть выделены как собственно коммуникативный, так и когнитивный аспекты»[1], хотим отметить, что при чтении (восприятии) инокультурного художественного текста в переводе ситуация намного усложняется,—это еще более усложненный акт общения, который может быть представлен триадой, несколько иначе, чем предложенной ей: «автор—образ (текст в переводе)—читатель-инофон».

Многие явления культуры, отраженные в художественном тексте русской литературы различными средствами языкового выражения, не только представляют сами себя, но и являются некими знаками, передающими дополнительные смыслы, которые без труда прочитываются членами той же лингвокультурной общности, но остаются скрытыми для читателя-инофона. При восприятии художественного текста элементы культурной специ- фики могут ощущаться как трудности, непреодолимые без необходимых комментариев, и читатели-инофоны нередко ограничиваются пониманием основных сюжетных лилий, не вдаваясь в смысл поступков и действий персонажей, т. е. не вникая в цели и мотивы их деятельности либо неверно их истолковывая.

Следует иметь в виду, что нередко при чтении инокультурного художественного текста в переводе читатель не может идентифицировать даже известную ситуацию: она представляется ему непонятной, чужой и т.п., что связано прежде всего с непривычными средствами языкового выражения, с неожиданным ракурсом описания, а отнюдь не только с незнакомой лексикой и

---

① Кулибина Н. В. Художественный текст в лингводидактическом осмыслении, М., 2000, С. 168.

др.Это объясняется тем, что тексты оригинала и перевода входят в коммуникативно равноценные отношения «текст—коммуникативная ситуация». При восприятии текста читатель организует незнакомые фреймы-сценарии в соответствии с имеющимися планами (сценариями, ориетированными на определенную цель) и схемами (сценариями, связанными с отдельными объектами или событиями действительности). В исходном и переводящем языке возможны различные стратегии планирования и отклонения от стереотипных скриптов. А. А. Леонтьев пишет: «Сопоставляя русский язык с крайне далекими от него по строю языками Востока, мы постоянно сталкиваемся с фактами, указывающими не просто на различия в характере оформления высказывания, но и на известное расхождение в способе семантической и семантико-грамматической категоризации действительности»[①]. Художественные средства выражения русской национальной картины мира—быта, традиций, обычаев и т. д.—носителями иной (китайской) лингвокультурной общности могут быть восприняты не всегда адекватно в силу различий в менталитете, критерии нравственной нормы двух неблизкородственных народов.

В статье мы рассматриваем лишь один из национально-культурных факторов—русские собственные имена и имена нарицательные в художественной литературе, которые являются порой одним из заметных затруднений для китайских читателей при

---

① Леонтьев А. А. Важнейшие сопоставления русского языка и языков Востока (в связи с задачами обучения русскому языку) // МАПРЯЛ, Международный симпозиум актуальные проблемы преподавания русского языка в странах Азии, Африки, Среднего и Ближнего Востока: Тезисы докладов. М., 1972.

чтении и восприятии текста русской художественной литературы.

Существует представление о том, что номинация какого-л. персонажа в тексте не относится к содержательному оспекту целого текста, однако с прагматической и стилисти- ческой, даже смысловой точки зрения ее вес велик в организации текста как процесса и результата коммуникативных взаимодействий партнеров и выражении отношения автора ко всему изображаемому в тексте и, в конце концов, выражении авторского замысла. Дело в том, что согласно авторской целеустановки содержания произведения в мире художественного текста на первом месте всегда стоят персонажные пространства.Не случайно имплицитный текстовой интенциональный смысл часто структурируется с помощью изменения номинации персонажей текста. Номинативная деятельность персонажей представляет собой целостную, системно-содержательную языковую интерпретацию действительности, создание особого информационно-языкового видения мира в ходе развития событий произведения. В процессе номинации находит свое отражение социальный опыт носителей языка, связанный с культурно-историческим развитием конкретного народа и познавательным опытом всего человеческого коллектива.

Выражение персонажных имен делится на имена собственные (фамилия, имя, отчество, в т. ч. прозвище, уменьшительно-ласкательные и грубые варианты) и имена нарицательные. Эти два вида номинации по-разному вызывает затруднения у китайских читателей. Возьмем примеры из романа Б. Пастернака «Доктор Живаго» и рассказа В. Шукшина «Капроновая елочка».

1. Номинация персонажа собственными именами

Собственные имена в художественном тексте присутствуют как в авторской речи, так и в речи персонажей, в том числе в речи своего партнера (при обращении), третьего лица, а также в самоназывании (при знакомстве), несут информацию об оценке называемого, об ориентировке в ситуации и в социальных признаках собеседника или третьего лица и т. д. Национально-культурная специфика имен собственных в художественных текстах сама по себе не составляет особую трудность для восприятия, важно другое:

а) У русских кроме фамилии есть имя и отчество, которые могут стоять до и после первого, более того они могут свободно сочетаться и употребляться отдельно, что отстуствует у китайцев. Например, в романе«Доктор Живаго» в состав номинации главного героя входят такие варианты, как«Юрий, Юра, Юрочка, Юрий Андреевич, Живаго, Юрий Живаго, Юрий Андреевич Живаго».Специфика самого состава фамилии и имени у русских, их относительно свободное сочетание и употребление оказываются китайцам как-то«чудными», потому что в Китае ребенок получает с рода фамилию отца и имя(без отчества), которое всегда стоит после фимилии и носит его на всю жизнь. Имя употребляется без фамилии только между родными и близкими людьми, в официальном и деловом отношении фамилия стоит только вначале и никогда не принято вначале имя вместо фамилии.

Кроме того, референция собственного имени к персонажу может влиять на раскрытие позиции автора к субъекту речи. То или иное название человека, выбранное автором в определенной ситуации общения, несет прагматическую информацию, имеет этикетное значение. Исходя из того, что, в русском языке уменьшительные и ласкательные имена носят глубокое семантическое значение и стилистически-экспрессивную окраску, можно предположить, что появление той или иной номинаций в развертываемом автором дискурсе является статистически-вероятностным процессом, т.е. вероятность появления определенных номинаций в зависимости от дискурсной семантики имеет определенную степень возрастания или падения. Так вот статистика по номинации главного героя в романе«Доктор Живаго» : Юра—103 раза, Юрий Андреевич—321 раз, Юрочка—62 раза, Живаго—42 раза, кроме того, встречаются и нарицательное звание: доктор Живаго—7 раз, доктор—249 раз, мальчик, брат, зять и т.д., не включая личное местоимение в соответственных формах. Пестрота названия одного и того же героя для китайских читателей является непривычной, несомненно, вызывает недоразумение в процессе чтения. Все это объясняется тем, что в когнитивном и культурном фрейме китайских читателей отсутствует подготовка и запас соответственных знаний, и они воспринимают художественный мир русской литературы через призму собственного национально-культурного стереотипа.

Явно, что при выборе каждой номинации для автора важна та интерпретация, которую он стремится сформировать у читателя.

Номинация и оценка персонажа (со стороны автора или других персонажей) могут в равной степени присутствовать в авторском контексте и в обращении персонажей друг другу, а может превалировать одна из этих сторон. Например, в самом начале романа автор познакомил нас с мальчиком, плачущим на материнской могиле. Называя его Юрой (в первых трех частях), автор сигнализирует свое эмоциональное отношение к мальчику, и только в четвертой части стал его звать и«доктор Живаго», и«Юрий Андреевич». Русским читателям не трудно найти внутреннюю связь между словами«Юра» и«Юрий Адреевич», и легко понять, что в номинации«доктор Живаго» много кроется: возможно, возраст или статус героя, возможно, официальность обстановки и, во всяком случае, уважительность к герою. При этом у китайских читателей возникает трудность, во-первых, когда первый раз появляется название«доктор Живаго» и«Юрий Андреевич», они, не замечая внутреннюю связь этих названий, не замечают и то, что здесь речь идет именно о том же герое, которого раньше звали Юрой, а воспринимают как номинации разных персонажей; во-вторых, не могут точно понять значмости и роли семантических отношений и стилистических оттенок имен в развитии сюжета произведения.

Другой пример. В тексте«Доктор Живаго» обращение Юр*очка*, в котором доминирует функция социальной регуляции, оценочности и ослаблено номинативное значение вплоть до десемантизации функции адресации, во всем романе употребляли только два человека: жена Атонинна Александровна и любовница Лариса Федоровна для выражения свое близкое отношение к любимому человеку. Для читателя носителя языка изменение обращения к главному герою не вызывает удивления, оно полностью соответствует с национальной культурой этикета и с развитием сюжета в тексте. Каждое варьирование имени, вероятностно-статистическим механизмом попадая в данный отрезок дискурса, участвует в создании интегральной семантики этого отрезка и дискурса в целом. Здесь у китайских читателей возникает трудность в двух планах: во-первых, могут принимать «Юрочка» за другого человека по логике того, что у каждого героя фиксируется одно собственное имя; во-вторых, не понимая семантической и эмоционально-окрашенной нагрузки за пределом этого уменьшительно-ласкательного обращения, не могут догадывать, в чем разница между наименованиями «Юрий» и «Юрочка» и почему при встречи после долгого расставания Лара зовет Юрия Андреевича, этого взрослого мужчину«Юрочкой», которого до этого все звали или доктором, или Юрием Андреевичем.

б) Другое возможное затруднение относится к морфонеме, и к проблеме перевода русских имен на китайский язык. По правилам словообразования русского языка мы знаем, что Юра и Юрочка—все они производны от имени Юрий, и на русском языке нам не трудно обнаружить у них внутреннюю форму и словообразовательную связь. А когда эти имена переводят на китайский язык, такая связь и форма теряется. Ср:

Рус. я.:	Юрий	Юра	Юрочка
Кит. я.:	尤利	尤拉	尤罗奇卡
Транс. кит. я.:	Youli	Youla	Youloqika

Видно из примера, что в китайском переводе между этими словами кроме первого иероглифа, который одинаково пишется и произносится, не замечается никаких внешних и внутренних связей. Кроме того, по конвенциональному правилу перевода русские имена переводятся по исходному произношению, по звуку без учета ударения, что приведет к расхождению произношения одного и того же имени на русском и на китайском. Например, Юрочка—尤罗奇卡（youloqika）, где второй слог по-китайски произносят *-ро*, и ударение переходит на *-ка*, потому что она носит третий тон в китайском произношении. Итак, фонетическая оболочка и внешняя словоизменительная форма русских собственных имен составляет уж путаницу в голове у китайских читателей.

2. Номинация персонажа нарицательными именами

Дело намного сложнее, когда автор художественного текста наименовывает своих героев нарицательными именами, несущими в своей семантике национально-культурный компонент (национально-культурный потенциал): безэквивалентные, фоновые и коннотативные. К именам нарицательным относятся термины родства, специфические вежливые формы обращений (в том числе такие, как *девушка, мальчик*, такие формы, как *женщина, мужчина*, неправомерно занявшие место традиционных обращений *господин, госпожа, сударь, сударыня*), наименования званий*(лейтенант*), окказиональные формы обращений (*милый*), особенно зоонимы (*зайка, киска*), наименования, связанные с частями тела (*лапочка, черноглазка*). Переплетение категориальных значений собственнсти и нарицательности в персонажных именованиях создает основания для эмотивно-аксиологической характеристики указанной авторской проекции в тексте произведения. Те или иные способы наименования нарицательными именами могут быть трудным моментом в восприятии текста. Приведем примеры из рассказа В. Шукшина« Капроновая елочка».

Известно, что в художественном тексте слово используется в особой эстетической функции и правильнее говорить о нем как о словесном образе. И образность художественной литературы представляется «всеобщая», ей свойственна неизбежная образность каждого слова. Говоря о особенностях номинации в рассказе «Капроновая елочка», важно отметить, что у одного из главных героев рассказа отсутствует собственное имя с начала до конца не только в авторской речи(в аписательных фрагментах и в авторских ремарках), его нет и в речи других персонажей. Отсутствие имен собственных в авторской речи свидетельствует об отстраненной позиции повествователя, что создает иллюзию стороннего наблюдения за происходящими событиями. Для номинации в авторской речи и в речи других персонажей используются имена нарицательные, обозначающие лицо по половому признаку (*мужчина*), по социально-профессиональной принадлежности (*снабженец*), а также ситуативные наименования (*посетитель*) и т. д. Вот целый список варьирования номинаций данного персонажа: *мужчина, этот человек, посетитель, попутчик, гость, гусь, ухажер, ворюга, мозгляк человек в дохе, на печке, снабженец.* Понятно, варьирование номинаций здесь несет большую художественную нагрузку. Такая экспрессивная вариантность наименования одного и того же героя в небольшом рассказе становится сложной для восприятия китайцев. Из-за культурного различия им трудно уловить такую тонкость: т.е. каждая из этих вариантностей наименования выполняет важную стилистическую функцию, они не отдельно существуют в тексте, а тесно связаны с сюжетом, с развитием события в рассказе и служат способом изображения характерной черты персонажей и имплицитного выражения позиции автора-рассказка.

В прозаическом тексте словесные образы поддерживают, развивают, дополняют и уточняют друг друга, часть из них является ключевыми. В процессе восприятия художествен- ного текста ключевые словесные образы как маленькие маячки освещают для читателя содержание текста: понятность ключевого словесного образа проясняет для читателя скрытые смыслы других словесных образов. Мы в полной мере разделяем мнение Н. В. Кулибиной, что «словесные образы—номинации героев всегда являются ключевыми», и осознание того, почему автор предпочел ноименовать персонажа именно таким словом, а не иным, в значительной степени определяет и правильное понимание всего текста①.

Рассмотрим два нарицательных имени из ряда варьирований номинации персонажа: «гусь» и «ухажер».

---

① Кулибина Н. В. Художественный текст в лингводидактическом осмыслении, М., 2000.

Словов *гусь* врассказе «Капроновая елочка» используется явно не в своем прямом значении, а в переносном, т. е. в тех случаях, когда говорящий с презрением отзывается о людях-ловкачах, мошенниках, пройдохах и т. п. В образе «гусь» имплицитно выражается негативное отношение говорящего к незнакомому попутчику. Здесь важно и то, что к такому отношению присоединяется и автор-рассказчик, что существенно важно и для полноценного понимания творческого замысла целого текста. Однако китайские читатели видят в этом образе совсем другую «картинку». В китайском языке слово « 鹅 (е) -гусь» не имеет того переносного значения, как в русском, и перевод этого словесного образа текста на китайский язык лишает их восприятие читателем живости, яркости, и выразительности, вследствие чего китайские читатели не смогут добиться правильного восприятия средств языкового выражения художественного текста даже на понятийном уровне, не говоря уж о полноценном его постижении: переживать художественный текст путем читательстких представлений. В подобных случаях в процессе восприятия китайским читателем художественного текста не происходит раскрытие заложенных в него писателем мыслей, чувств, представлений, интенций и т. п., иными словами, распредмечивание словесных образов.

Известно, что постижение смысла художественного текста становится возможным в том случае, когда читатель сможет воссоздать содержание текста в форме читательских представлений. А при чтении инокультурного художественного текста в переводе сделать это намного сложнее, иногда даже представляется невозможным, так как иностранные слова в переводе не всегда отзываются в воспринимающем сознании образными откликами , либо эти отклики возникают, но не всегда будут адекватными.

В рассказе слово *ухажер* используется для номинации того же песонажа в разных речевых планах: как в речи автора-рассказчика, так и в диалогах персонажей:

«Павел, продолжая нескромно разглядывать *ухажера*, спросил. »

«—Пешком,—решительно сказал Павел, отвлекаясь от *ухажера*. »

«Их догонял *ухажер*.»

«—Пошли!.. Иду с Вами!—объявил*ухажер* таким тоном, точно он кого-то очень обрадовал этим своим решением.»

«—Пойде-ешь! Как Исусик, пойдешь у меня,*ухажер* сучий. Я те зароюсь. »

В толковых словарях русского языка слово «ухажер» определяется, что ухажер—это просторечие, производное от второго значения глагола *ухаживать:* З*а кем. Оказывать внимание (женщине, девушке), добивая расположения.* Следовательно, слово *ухажер* получает толкование: *Тот, кто ухаживает(во 2-знач.), поклонник, человек, который любит ухаживать за женщинами.* Сложность здесь проистекает из того, что в русском толковании заметно нейтральное значение у этого слова, а в переводе на китайский язык оно приобретает отрицательные оценки, что мешает правильно понимать и смысл высказывания, и намерение автора, и роль слова в отражении отношения персонажей и автора к данному человеку. К тому же по традиции моральности в Китае вообще нет слова для нейтрального выражения такого явления, когда семейный мужчина ухаживает за другой женщиной, и даже слова приблизительные по аналогичному значению всегда носят отрицательные окраски. Все это создает недоразумение в восприятии. О подобных случаях хорошо говорит Кулибина Н. В.: «при чтении иноязычного художественного текста опасность произвольных, неадек- ватных толкований усиливается из-за отрицательного действия факторов чужого языка и чужой культуры».[1] Необходимо иметь в виду и тот факт, что далеко не всегда читатель-инофон замечает неполноту или искаженность в переводе и в собственном восприятии инокультурного художественного текста.

Выше перечисленные моменты представляют собой различные типы затруднений на разных уровнях и в разных планах. Трудности первого типа носят характер поверхного межнационально-культурного расхождения. Для облегчения затруднений первого типа при переводе русских художественных произведений на китайский язык принято составить специальную табличку с указателем персонажей, которая печатается отдельно, как вставной лист. В табличке даются все варьирования собственного имени каждого персонажа с указанием его родственных отношений с другими персонажами в тексте, если есть. Признается, что такой способ полностью не лишает затруднений, китайским читателям приходится постоянно останавливаться, обращаться к этой та-

---

① Кулибина Н. В. Методика лингвострановедческой работы, М.,1987.

бличке, чтобы выяснить, кто есть кто.

Второй тип затруднений имеет эстетически стилистические и семантические особености языкового выражения художественного текста. Однако преодоление препятствия этого типа труднее чем первого: различия однотипных художественных образов в разных литературах объясняется не только тем, что они опираются на своеобразные, непохожие друг на друга языковые системы. Причина коренится в специфике эстетической природы художественного образа в разных литературах, которая вытекает из историко-культурных, языковых и эмоционально-психологических особенностей различных наций, обусловливающих национальные черты, характер, вкусы, и т.п. В процессе распредмечивания тем меньше потерь, чем больше общего в жизненном опыте писателя и читателя, а также чем разнообразнее читательский опыт адресата художественного творчества, чем лучше его знакомство с иноязычной культурой, с ее национальными литературными традициями и эстетическими ресурсами того национального языка.

Таким образом, задается вопрос, возможно ли полноценное понимание иностранцем художественного текста на русском языке и в переводе на другой язык. Первый вопрос решается, исходя из того, что вторичная языковая личность у человека, владеющего иностранным языком, формируется под влиянием первичной языковой личности, сформированной родным языком человека. Можно поверить, что«уровень развития языковой личности, освоенность типов понимания на родном языке детерминирует готовности языковой личности на иностранном языке».[①]

Второй вопрос решается сложнее: для адекватного понимания инокультурного текста требуется анализ, наряду с вербальными, и невербальных средств выражения межкультурной коммуникации. Но освоение иноязычной культуры посредством знакомства с произве- дениями литературы может состояться только тогда, когда, во-первых, читатели обладают определенным запасом фоновых знаний, которые позволяют ему «увидеть» и понять значение реалий национальной культуры, часто представленных в тексте имплицитно, и, во-вторых, когда читатели обладают определенным запасом теоретических культуроведческих знаний, позволяющих ему понять художественную форму произведения.

Для плодотворности межкультурной коммуникации представляется необходимым учитывать научный (лингвистический) и культурный (эстетический) характер много-этнического и многонационального евразийского типа русского языка-культуры. Поэтому рассмотрение лингвокультурологической проблематики является одним из перспективных направлений современной лингвистики, так как в этой области изучается связь и взаимодействие культуры и языка как интегральное отражение языком накопленного человеческого знания, и свидетельствует о том, что при восприятии и воспроизведении в переводе чужой языковой картины мира, воплощенной в оригинале новыми языковыми средствами, невозможно избежать отражения в переводе собственной

---

① Васильева О. Ф. Методика интерпретационного типа в практике обучения чтению, М., НОЦ «Школа Китайгородской», 2000.

языковой картины мира, причем не только национальной, но и индивидуальной—переводческой.

Закончим статью совами Е. М. Верещагина и В. Г. Костомарова: «Две национальные культуры никогда не совпадают полностью,—это следует из того, что каждая состоит из национальных и интернациональных элементов. Совокупности совпадающих (интерна- циональных) и расходящих (национальных) единиц для каждой пары сопоставляемых культур будут различными··· Поэтому неудивительно, что приходится расходовать время и энергию на усвоение не только плана выражения некоторого языкового явления, но и плана содержания, т. е. надо вырабатывать в сознании обучающихся понятия о новых предметах и явлениях, не находящих аналогии ни в их родной культуре, ни в их родном языке.»[①]

① Верещагин Е. М., Костомаров В. Г. Язык и культура. М., 1990.

“语言学诗学”视野中的民间文化问题[①]

张冰

20世纪足可以称为语言学的世纪。语言作为先在物的研究，对20世纪的人文学界产生了重要的影响，甚至有20世纪的西方人文科学言必语言学一说。始于20世纪初的俄国形式主义文论以强调存在于语言形式之中的文学性等文学的内在属性对后来的结构主义、符号学、英美新批评派等西方文论具有重要的意义；芝加哥大学比较文学教授苏源熙认为，世界文学研究可能可以更多地依靠翻译，比较文学研究则必须懂外语，把握语言、言语意义。而主张“语言位于文化源头”的俄罗斯文化学家利哈乔夫则直言，“语言不只是交际工具，它还是文化的精华”，民族语言是“整个民族文化的代数式”[②]；“要想从事文学研究，起码要懂得一点语言学知识，只有能体会文本的隐秘含义，懂得整篇作品的内涵，而不是个别词语的意思，才能对文本进行合理的诠释与分析”[③]，因此，论及西方诗学中的中国问题，特别是寻求一种对话，旨在开掘通过汉学研究认识我们自身，思考自身问题的解决之道，“语言学诗学”便自然地走进了我们的视野。

汉学是“关于中国文化体系的学科……简言之，汉学是关于历史、哲学、社会学和所有其他中国文化领域的学科。中国文化

① 本文系国家社会科学基金重大项目（16ZDA194）阶段性成果。

② Лихачев Д. С. Раздумья о России, Издательство: Logos,1999. С. 505.

③［俄］利哈乔夫：《善与美书简》，谷羽译，广西师范大学出版社2017年版，第232页。

是由汉语以至今可闻的生动的口传言语和以其他阶段，特别是从我们至今陌生的远古时代不断地走向我们可见的书面语言表达而成”①。早在20世纪初，俄罗斯汉学家阿列克谢耶夫（В. М. Алексеев，1881—1951）院士对汉学的阐述一方面说明了语言与文化间紧密的联系；另一方面也反映出在以阿列克谢耶夫、李福清（Б. Л. Рифтин，1932—2012）院士等为代表的俄罗斯汉学民间文化研究中，俄罗斯文论中的语言学诗学倾向深深地渗透其中，俄罗斯汉学的民间文化研究以其“语言学诗学”的独特视野展示出中国民间文化“异质”语境中的独特图景之一。

“同那个时期整个世界的东方学一样，俄罗斯汉学同样以语文学研究为基础。”②关于语文学有诸多的理解，俄罗斯的学术概念是：语文学是“……17—18世纪形成于研究古代文化的科学（语言、文学、历史、哲学、艺术及其相互联系）。随着具体学科的分化，语文学概念的含义发生了改变，人们把语文学看成研究体现在语言和文学创作中的民族文化的诸学科的总称”。③显然，语文学的研究核心由古代文化发展到了民族文化，同时，对于语言和文学作为其涵盖诸学科的主要载体和表现形式的强调，其作用的重要得以突显。以此为基础的俄罗斯汉学民间文化研究，发展到20世纪阿列克谢耶夫建立的“新汉学”，“也就不令人意外地，在学术上比起沙畹（E.Chavannes，1865—1918）的法国考古学派，更接近20世纪前半叶的俄国形式主义与语言学训练的文艺

---

① Алексеев В. М. Рабочая библиография китаиста: книга руководств для изучающих язык и культуру Китая / ИМЛИ РАН; Библиотека РАН. СПб., БАН, 2010. С. 22.

②［俄］斯卡奇科夫 П. Е.：《俄罗斯汉学史》，В. С. 米亚斯尼科夫编，柳若梅译，社会科学文献出版社2011年版，第409页。

③［俄］普罗霍罗夫 А. М.：《苏联百科词典》（1980年版），中国大百科全书出版社1986年版，第1552页。

分析”[①]。

1. 形式主义的语言学诗学与中国民俗、年画

1914 年俄国形式主义派的代表人物什克洛夫斯基（В. Б. Шкловский，1893—1984）的《词语的复活》的面世被认为是俄国形式主义形成的标志。他们集体出版的第一本文集便是《诗的语言论集》（1916）。当时，以探讨“诗歌语言和日常语言的区别、体裁和风格的产生及其演变原因”为切入点的彼得堡诗歌语言研究会尚未正式成立。1923 年，俄国形式主义三大主将之一的迪尼亚诺夫（Ю. Н. Тынянов，1894—1943）在《诗歌语义学问题》（后更名为《诗歌语言问题》）[②] 里分析了“作为诗歌结构因素的节奏”和“诗歌中词的意义”，阐明了诗歌语言特征，节奏和意义等诸多诗学语言问题，并且在一定意义上对文学作品的所指——“材料”进行了语言学概念上的“语言和词”的解说。特别是其强调的“日常生活主要通过言语与文学联系”等论点，为“文学语言与日常语言不同”（文学语言特质）后来成为形式主义的核心理念奠定了基础。因此，就语言学诗学意义而言，形式主义的贡献之一在于，意在突破将言语作为工具的传统的言语观，强调构成文本的词的意义、结构、功能等的主体价值。其在俄罗斯汉学民间文化研究理念和实践中的深刻体现，亦反映出 20 世纪俄罗斯文论的建构发展和对中国问题研究的折射。

作为大众通俗文化的中国民间文化，诸如民间年画、民间文

---

① 陈相因：《俄苏东方学之跨学科文艺批评与比较文学方法：论阿列克谢耶夫的〈1907 年中国纪行〉》，《中国文哲研究通讯》第 23 卷第 2 期。

② Тынянов Ю. Н., Проблема стихотворного языка//литературный факт, М., Высшая школа, С. 23-109.

学（俗文学、民歌、传说、谚语、戏曲、评书），乃至人们的日常生活方式等表现形式都受到俄罗斯汉学家的关注和研究，而这首先源于他们对语言的倚重，尽管其中很大的因素仍然是"文以载道"的语言的工具性，但是其实质却是对语言与文化间的关系与文化理解之重要的认知。俄罗斯首位从事中国研究的汉学家和汉语言学家罗索欣（О. К. Россохин，1717—1761），1729 年以第二届俄国东正教使团成员身份派往中国后，在北京"积累了关于中国日常生活和中国文化的知识……"；1941 年回国讲授汉语时，他不仅向学生教授文法，而且给他们讲"中国人的待人接物……""他知道，没有生活知识、日常经历，离开中国现实社会的诸多方面，很难学到语言。"[①] 阿列克谢耶夫更是直言："不学习文化，就不可能学习语言。二者之间存在着完整的一体关系，学习语言，是为了研究文化，因为只有掌握语言的人才能够理解文化。研究文化是为了学习语言，因为语言是文化的反映。"[②]"汉语知识是打开整个汉语世界的钥匙"[③]。

俄罗斯汉学家由此开始了语言学诗学视野中审视中国民间文化的重要旅程。

"阿列克谢耶夫认为用语言学方法研究民俗是他的贡献。"[④]

其一，"语言即生活"。

阿列克谢耶夫在汉学民间文化研究中特别重视语言词汇的作用，他甚至早在欧洲求学时就至少学习过四位语言学家的课程：

① 参见斯卡奇科夫П. Е.：《俄罗斯汉学史》，米亚斯尼科夫В. С.编，柳若梅译，社会科学文献出版社 2011 年版，第 53—55 页。

② Алексеев В. М. В старом китае. Дневники путешествий.1907 г., М., изд. вост. литературы, 1958. С. 30.

③［俄］斯卡奇科夫П. Е.：《俄罗斯汉学史》，В. С.米亚斯尼科夫编，柳若梅译，社会科学文献出版社 2011 年版，第 409 页。

④［俄］班科夫斯卡娅，李福清：《俄国汉学家阿列克谢耶夫院士及其华北之旅》，见阿列克谢耶夫：《1907 年中国纪行》，阎国栋译，云南人民出版社 2001 年版，第 16 页。

梅耶（Antonie Meillet）教授、院士讲授的“社会因素影响的语言结构”，亨利（Victor Henry）教授讲授的“比较语言学”，帕西（Paul Passy）教授讲授的“现代语言学比较研究中的语音理论”，鲁斯洛（Rousselot，1846—1924）教授讲授的“实验语音课程”，并且向汉学家学习过汉语语音理论。在阿列克谢耶夫看来，汉字是种特殊的语言，词汇由象形字组成，稳固不变。这与迪尼亚诺夫所说，俄语的词是抽象的，“词没有一个确定的意义”①显示出汉俄语言词汇的不同特征，但是这并不影响他们对语句意义的一致认同。迪尼亚诺夫说“句子之外的词是不存在的”②，阿列克谢耶夫认为，看不懂句子，就发现不了任何想要的特点，“口语中的一切都决定于字在句子中的位置”③。因此，正如迪尼亚诺夫主张的，文学研究的要点是文学材料，意即“语言和词”以及“结构原则”是研究的核心，或者说作品就是超结构的语言，语言就是目的本身；阿列克谢耶夫强调的也是：这种词汇形式（包括节奏、风格等等）和它的意义一样重要，词汇即意义，“中国人的才气是随着形式的消失一起消失的”“言语节奏是其内在的生命，是无法用语法解读的音乐，构成了其内部神经和风格基础”。④汉语韵律的魅力，用中国民间说唱艺术研究专家、俄罗斯著名汉学家斯别什涅夫（司格林，Н. А. Спешнев，1931—2011）的话说：早在童年时代“我就感受到了中国童话歌谣那奇妙的韵律”⑤。

其二，“他明了汉字之实情……”

---

① Тынянов Ю. Н. Литературный факт // Составитель О. И. Новикова. М., Издательство Высшая школа. 1993. С. 54.

② Там же, С. 55.

③ Алексеев В. М. В старом китае.Дневники путешествий.*1907 г.*, М., изд. вост. литературы, 1958. С. 198.

④ Там же, С. 197-198.

⑤［俄］司格林：《北京——我童年的故乡》，于培才、刘薇译，东方出版社 2006 年版，第 50 页。

阿列克谢耶夫的学生列·扎·艾德林曾说："他明了汉字之实情，相信自己的才智及经验。"[①] 他认为："一个欧洲人，如果对中国的认识始自与普通人的日常交谈，而没有见过汉字，那他一点都理解不了伟大而强盛的中国文化。"[②]

在圣彼得堡大学东方系学习期间，阿列克谢耶夫曾到艾尔米塔日博物馆帮忙整理中国钱币藏品。当时中国人挂在脖子上的钱币护身符上的图案和题字最早引起了阿列克谢耶夫对中国民间文化习俗和宗教的极大兴趣。"他成为第一个中国文化学家，依靠亲身观察的论据、翻译及亲自收藏的材料对传统文化进行了总休研究。他的视野中有许多从前被人忽视的领域。如他为补充护身符这一研究课题收集的中国民画。"[③]

"每个民族的文化都独具特色，如果从表面上思考这些文化，可以说，埃及文化的特点是对死后生活的崇拜，希腊文化崇拜美和艺术，罗马文化崇拜国体和法律，中国文化的特点则是崇拜文字和文学。"[④] 阿列克谢耶夫以他 1907 年在中国沿大运河旅行到达兴济时，在路上看到了烧纸的香炉等事例来说明这一点，他认识到，中国人相信他们的文字是由古代圣人发明的，写有祖辈圣人和君子创造的文字的纸张是神圣的，因此他有意把国人烧纸（纸钱）送给亡灵解读为人们对写有文字的纸的敬畏。

阿列克谢耶夫的这些见地首先表现在他对中国民间丰富的日常题铭、节日里的对联，包括桃符和护身符等的重视。他列举出旅行中记录的很多题铭，特别是城市街道上的各种题字、招牌，

---

① ［俄］班科夫斯卡娅：《谈谈我的父亲》，张冰译，《国外文学》1991 年第 4 期。

② Алексеев В. М. В старом китае. Дневники путешествий.1907 г. , М., изд. вост. литературы, 1958.С.144-145.

③ ［俄］班科夫斯卡娅：《谈谈我的父亲》，张冰译，《国外文学》1991 年第 4 期。

④ Алексеев В. М. В старом китае. Дневники путешествий.1907 г. , М., изд. вост. литературы, 1958. С. 301.

如郎中面前牌子上的“妙手回春”，算命的牌子上写的“神机妙算”等等，说明只有这些题铭描绘出了现实的中国，也是这些题铭使得中国的街道成为一门复杂的学问。他敏锐地注意到，中国是一个楹联的国度，在俄国所有不贴字的地方，在中国都贴着对联，中国的普通民众，即使是文盲都不仅喜爱这些楹联，而且深谙其意。探寻中国文化的底蕴需要的正是回归这些民间文本，回归语言诗学之中。

“好似日常题铭的注释说明”，同时也是“作为文字补充”[①]的年画成为阿列克谢耶夫汉学民俗研究领域重要的一面。他通过解读年画上经常借助汉字的同音异义特点而使用的一些双关语，揭示出年画的寓意。譬如，年画上寿星骑的“鹿”和 高官厚禄的“禄”同音，蕴含祝愿升官发财之意；年画上两个长得一模一样的孩童，一个手举锦盒，一个手托荷花，是取“和合”之意，也是同音异义的美好祝愿。阿列克谢耶夫认为，这些苦恼了他几年的问题都是在从语言学的视角切入后才得以解决。而谚语、寓言、话本、神话、传说、故事这一切源自口头言语的民间文化形式都在年画中得以体现，对其解读也自然要回到言语自身。因此，他在对搜集的两千余幅年画加以辨识与源流考辨时，着重对其中表现的俗语进行了考证，譬如，他曾详细地列举出祈财的各种套语等等。在他对在曲阜买到的“三星图”年画所作的详细描述中，将其比作俄罗斯的圣像[②]画，但是却未将神性作为重心。在阿列克谢耶夫看来，这幅画的文字是第一位的，画的核心是“文字”而

---

① [俄]阿列克谢耶夫：《1907年中国纪行》，阎国栋译，云南人民出版社2001年版，第19、25页。

② 俄语“圣像”（Икона）这个词源自古希腊语，意为“形象”（образ），圣像画，是以艺术形式，借用色彩和线条显现神的形象，宣传神迹和传播神学思想。圣像中出现最多的人物是圣徒。

非圣者。[①]

也是从语言学诗学的角度，阿列克谢耶夫认为象形字使中国文化分成了由古典文献体现的高雅文化“大文化”与表现为民俗诸种民间形式的“小文化”，他认为这两种文化是统一和相互作用的整体，它们都在“努力追求深刻的寓意”。[②]

我们没有看到阿列克谢耶夫对俄国形式主义的直接引证，但是他旨在突破局限于中国语文学的旧汉学，强调汉语文本应该是研究的主体和客体，倡导对拥有完整学科体系的汉学进行科学的研究，倡导建立“与在新的层面与角度改革汉学密切相关的”[③]汉学实验室等进行的一系列汉学理论探索，某种意义上可说是与俄国形式主义不谋而合，而他的诗学语言学意义上的中国民俗年画研究实践更可说是为以语言为中心的形式主义诗学理论提供了极好的佐证。

2. 历史比较语言学诗学与中国俗文学

历史诗学理论对俄罗斯汉学研究产生了深刻的影响。历史诗学的创立者维谢洛夫斯基（А. Н. Веселовский，1838—1906）院士是著名的语文学家，曾任俄罗斯科学院俄罗斯语言与文学理论部主席，在科学院主要从事俄罗斯与斯拉夫语文学研究。历史诗学以语言艺术为对象，对诗歌语言与散文语言的研究是其理论中最重要的部分之一。在维谢洛夫斯基看来，原始个体的语言是诗

① [俄]李福清主编：《中国木版年画集成·俄罗斯藏品卷》，中华书局2009年版，第454页。

② [俄]阿列克谢耶夫：《1907年中国纪行》，阎国栋译，云南人民出版社2001年版，第25页。

③ Банковская М. В. Алексеев и Китай, М., Восточная литература, 2010. С. 235.

歌语言，日常表达的则是散文语言，“语言本来就是一种社会现象，即使就其狭义而言，也是如此”①。这种对语言属性的划分，除了包含的对体裁诗学的探讨，实际上反映出对艺术和现实的认识，语言已经不再是单纯的形式载体。

维谢洛夫斯基从自己的老师布斯拉耶夫（Ф. И. Буслаев，1818—1897）的神话学理论中接受了诗歌植根于民间诗歌的思想，他详尽地分析了不同民族、不同区域、不同时间里，语言的结构、词汇、语法及各种修辞格的形式的特点，以此探讨其起源和传递交流，形式与内容的关系等问题。他认为诗歌与文化模式相同，文化与“产生于使对立的统觉（认知）调和一致，即建立新认知的需求之中的诗歌”②一样。语言学诗学中的问题与文化，特别是与民间文化研究密不可分。

譬如，维谢洛夫斯基在关于“诗歌共通语”论述中谈到，“从形容对象的一系列修饰语中，某个修饰语被挑选出来作为该对象的标志，尽管其他一些修饰语并不比它更缺乏代表性”，如“白”天鹅这样的修饰语，以及“从已经表现为语言形式，脱离了诗歌心理对比法，并为后来的文学影响所丰富的大量对比和移植之中，挑选出了某些固定的象征和隐喻，作为共通语的陈词套语，并得到了或多或少的广泛传播”，如作为象征的数字等。它们“同思想内容一起决定了它们的形象性的特点”③。

民间创作与文学文本，民俗学与文艺学是自维谢洛夫斯基以来俄罗斯学界讨论的理论问题之一。维谢洛夫斯基坚持认为，以口头创作为基础的民间文学具有强烈的历史意识，其起源更多的

---

①［俄］维谢洛夫斯基：《历史诗学》，刘宁译，百花文艺出版社2003年版，第452页。

② Веселовский А. Н. Определение поэтики, Русская литература，1959, № 3. С. 106.

③［俄］维谢洛夫斯基：《历史诗学》，刘宁译，百花文艺出版社2003年版，第467、468页。

是语言，而不是文学。因此，他试图通过历史比较方法对诗歌语言或者民间语言进行实证探源，找寻民族文学的典型特点和规律，譬如，他在讨论民歌中的“晨曲”主题时，比较了在德国、捷克、匈牙利、乌克兰、塞尔维亚、俄罗斯等地广泛传播的这一情节题材，指出语言模式基本上都是恋人、情人们不愿意“公鸡啼叫，黎明破晓”……但是中国的一首民歌则是皇帝和皇后惧怕白昼来临，因为“宫廷里已经聚集了早朝的臣民”，这“一首晨曲最足以说明这一民间主题的独立自主性”。[①]

维谢洛夫斯基的历史诗学的语言学诗学论说，使得许多人称他为历史比较语言学家，他对民间诗歌的比较研究也推动了俄罗斯民俗学的发展。

如果说阿列克谢耶夫的语言学中国民间文化研究视野更多的是在文化学和语文学基础之上，与维谢洛夫斯基的历史比较语言学和形式主义语言学诗学达成的契合，或者说是某种意义的呼应，显示出一脉相承的俄国学术科学实证传统的演进和发展，那么此后，历史诗学的历史比较语言学诗学、形式主义语言学诗学以及巴赫金（М. М. Бахтин，1895—1975）的超语言学诗学等俄罗斯文论思想则为俄罗斯汉学民间文化研究奠定了重要的理论基础。譬如，李福清从语言学诗学角度对中国俗文学中刘备形象外貌细节描写进行的比较钩稽、索解，溯本求源。在李福清看来：

《三国志平话》里以中性叙述者身份对刘备外貌最为详尽的描写是：“……生得龙准凤目，禹背汤肩，身长七尺五寸，垂手过膝，语言喜怒，不形于色……”[②] 然后这些话在张飞的话语中重

---

①［俄］维谢洛夫斯基：《历史诗学》，刘宁译，百花文艺出版社 2003 年版，第 482—483 页。

②《三国志平话》，上海古典文学出版社 1955 年版，第 11—12 页。

复出现，并且有了新的特征“两耳垂肩”。而在以间接方式，即“众官”对刘备的外貌进行勾画时，又在众所周知的人物外貌特征外增加了“面如满月”的比喻和修饰语“龙”（“龙准龙颜”）。最后，刘备的外貌到了汉献帝的眼中则是，刘备与以前的景帝极像，刘备也恰恰是景帝的后代。[①]

李福清认为，第一次描述刘备时谈到的特征，几乎都取自史籍《三国志》，其中的长臂和大耳的描写出自佛经译文。俗文学《三国志平话》出现以前，这种佛教特点已经成为中国文学中的套语，有意思的是，道士们把道家的创始人老子也说成是长耳垂（准确地说是佛像的长耳垂）；第二次的描写中，增加了双耳垂肩的特点，这也来自陈寿《三国志》的细节描述。第三次描写增加了两个新的面部特点：“面如满月”和“龙颜”。面容喻为满月起源于佛教，意即古印度传统。后来的变文中也有这种说法。[②] 以上解读，特别是关于佛教的象征符号，对道教的影响等等应该更多的是在社会文化学层面。

同时，李福清在语言学诗学意义上阐释了以上民间文学中三国故事种种说法细节的发生根源，指出，“龙准”是民间对“隆准”的同音异义用法，早在司马迁的《史记》中已用于描绘汉高祖。平话作者，也或许是他们的前辈民间说书艺人将“隆”转义为了“龙”，然后根据四字短语模式，用“凤”对应第一部分字词中的“龙”，构建了这一表达的第二部分。譬如，用“龙飞凤舞”比喻山势的蜿蜒，或者用“龙瞳凤颈”比喻权贵的外貌，或者用“龙肝凤髓”隐喻美味佳肴。“禹背汤肩”也同样建立在概念对仗

---

① См. Рифтин Б. Л. От мифа к роману: эволюция изображения персонажа в китайской литературе, М., Издательство《Наука》, 1979. С. 216-217.

② См. Рифтин Б. Л. От мифа к роману: эволюция изображения персонажа в китайской литературе, М., Издательство《Наука》, 1979. С. 219.

的原则上。李福清还通过对《佩文韵府》中“禹耳三漏汤肩二肘”之说的解读，探讨了历史溯源中人物外貌的隐喻描绘和俗文学中的语言学释义。

如果说“实证主义从方法论上来说，是把词语艺术本身作为具有独特性质与结构的现实历史和美学事实来进行研究的。这种方法在原则上非常适合维谢洛夫斯基所理解的文学创作领域的诗学研究”[①]，这种兴盛于19世纪末20世纪初西欧和俄罗斯的方法论对维谢洛夫斯基的理论建构方法产生了巨大影响，那么在李福清的上述归纳阐析中，同样可见出对实证主义方法的极其娴熟的运用。李福清也正是在大量细致、详尽地历史归纳、罗列概括、类比实证后，总结出了《三国志平话》中刘备、张飞、关羽的人物外貌的描写范式：“表面上建立在定语和对比的原则上”，“人物的外貌描写逐步地进行，似乎被分解为独立的五官和身体部分，并且每一部分通常都是通过将定语（绝大部分是‘动物的’）与被修饰者组合得以达意。几乎到处都在运用这种人物描写方法，除了那些以其他范式建构的佛经的定语”。而“董卓有万夫不当之勇，身长八尺五寸，肌肥肉厚肚大……”更加细节化的描写，则“借助于最普通的定语修饰语，而非运用任何的比喻或对照”。李福清还对其他民间史诗英雄的描写进行了类型学的比较研究，指出“将人物外貌描写通过一系列比拟来传递的原则本身在我们看来正是史诗体裁的典型特征”。[②]

显然，李福清的语言诗学研究不同于形式主义的语言形式中心论，也许这是李福清始终不认同将自己的研究归于形式主义文

① 马晓辉：《维谢洛夫斯基的历史诗学研究》，博士学位论文，第83页。

② Рифтин Б. Л. От мифа к роману: эволюция изображения персонажа в китайской литературе, М., Издательство《Наука》, 1979. С. 222, 223.

论一派的原因之一，尽管形式上，对纷繁的语言现象事实的罗列同样让人有只见树木不见森林之感。李福清的语言诗学研究是对维谢洛夫斯基历史文化比较诗学的承继和发展，文化学视野是李福清汉学语言学诗学视野中与实证主义方法论同样重要的一面，正如维谢洛夫斯基的历史比较语言学研究，是对将历史与文化或者文化史密切相连的语言的诗性研究。

因此，李福清得以成功地揭示出中世纪俗文学中人物描写的一般审美原则，揭示出中国古代各种哲学体系中肖像的描写作用，以及中国古代俗文学作品中所具有的描写的标签性。[①] 并进而探究各民族传统观念中人的外貌描写特点、手法演变，“展示这一过程中，新的和传统的因素间的相互作用，文学与民间创作相互关系的动态发展，以及中世纪各个种类和体裁文学作品受到的异域影响作用和外来描写手法的适应原则”[②]，显示出他渊博的汉学学识和深厚的理论功底，也为中国民间文化、俗文学研究开辟了独特的视域。

3. 超语言学的语言学诗学与中国俗文学

巴赫金将其语言艺术研究称为“超语言学”研究，即“超出语言学范围的那些方面”，它与语言学的根本不同在于它的研究对象是活的语言的“对话关系（其中包括说话人对自己语言所采取的对话态度）”，超语言学的范围涉及故事体、对话体等各种言语体裁。其共同的特点是“这里的语言具有双重的指向——既针

---

① Рифтин Б. Л. От мифа к роману: эволюция изображения персонажа в китайской литературе, М., Издательство《Наука》, 1979. C. 6.

② Рифтин Б. Л. От мифа к роману: эволюция изображения персонажа в китайской литературе, М., Издательство《Наука》, 1979. C. 6.

对言语的内容而发（这一点同一般的语言是一致的），又针对另一个语言（即他人的话语）而发”。[①] 巴赫金注重文本语言的“对话关系”，意在突破形式主义坚持的语言是绝对中心的阐说，对20世纪的西方人文学界产生了重要的影响。当代著名结构主义符号学家、文艺理论家托多罗夫（(T. Todorov，1939—2017）甚至试图对巴赫金的对话原则进行“理论化”，“使之成为人文科学研究范式的转型”[②]。

而就李福清的中国汉学俗文学研究而言，巴赫金探讨超语言学的“他人言语”模式类型及其特性时，系统具体地对“直接言语、间接言语及其变体”的阐释可以说直接启发了其学理思路和研究视野。譬如，李福清借鉴巴赫金语言诗学中的“线形”文体（линейный стиль）观点，来界定中国古代俗文学、中世纪文学典籍，与古代和中世纪的法兰西著作以及古俄罗斯文学作品一样，表达人物的叙事言语文体特点，即“在内部个性化削弱的情况下，为他人言语塑造出清晰的外部界限。在整个语境只有单一文体的情况下（作者和人物都讲同样的话），使他人言语在语法和结构上最大限度地自成体系……”[③] 并以《三国志平话》为例，研究“直接引语——人物对白”这一转述他人言语模式和在这些模式的变

---

① 参见《巴赫金全集》（第五卷），白春仁、顾亚铃译，河北教育出版社1998年版，第239、241、245页。

② 曾军：《超越文学：托多罗夫的对话主义转向》，《学习与探索》2015年第6期。

③ Волошинов В. Н. Марксизм и философия языка. Ленинград : Прибой, 1930. С. 118. 应该说明的是，1929年1月署名沃洛希诺夫在列宁格勒出版的《马克思主义与语言哲学》一书，始终存在着有关作者著作权的争论，20世纪70年代苏联版权局曾发文确认巴赫金是合著者，美国版《形式主义》“前言”也引用柯日诺夫的话：巴赫金去世前签署过一个文件，宣布自己是包括《马克思主义与语言哲学》在内的作品的作者。此后，尽管有许多学者坚持慎重对待巴赫金在沃洛希诺夫、梅德维杰夫名下的著述的“作者”作用，但是沃洛希诺夫、梅德维杰夫作为“巴赫金小组”的重要成员之一，他们名下这些著述的“巴赫金派”“性质”已经得到公认，《马克思主义与语言哲学》奠定了建立巴赫金的对话理论、语言哲学理论，特别是超语言学思想的基础。

体里独特的语言学诗学。指出：以这种文体完成的中国俗文学和中世纪文学典籍中的“直接引语”，必须有“为他人言语塑造出清晰的外部界限”[①]的“引入动词”。“唐代传奇中，作者甚至在本身即含有说话之意的动词‘答’之后还要用‘曰’，即词组‘答曰’……”[②]这些都是民间文学口头形式的特点。

同时，正如巴赫金所说：“在用自己语言感知他人言语和说话者个性的这些形式中，特别明显和突出地表现出在历史中变化着的社会意识形态交际的形式。”[③]李福清认为，与唐代传奇同时代的变文显然受到唐代口语和说唱形式的影响，其中可以见到基于日常语言规范的另外引入直接引语的形式，完全摆脱了书面文言文作品引入直接引语的常规，主要有四种模式：（1）以表示说话（命令、指使等）的动词，但不加“曰”字的方式，这大约是受了口语的影响。（2）将直接引语放在表示情感或情绪的动词之后。（3）不采用任何引入结构，而是在一人说完之后即接写另一个人的话语。这是受到民间说唱表演以生动的语调来区分人物话语的影响。（4）描写人物某个动作或位置转移后直接写人物说的话，表明了中世纪白话特有的直接引语与间接引语饶有兴味的混合，而且17世纪俄罗斯小说中也有相同的情况出现。在李福清看来，这表明当时正处于直接引语由书面直接引语向民间文学作品对话表达方法的过渡阶段。[④]

显然，在俄罗斯汉学家语言诗学的研究视野中，中国古代俗文学中作为转述他人言语产生的独特的“直接引语——人物对

---

① Волошинов В. Н. Марксизм и философия языка. Ленинград : Прибой, 1930. С. 118.

②［俄］李福清：《三国演义与民间文学传统》，上海古籍出版社1979年版，第123页。

③ 从中可以看出巴赫金始终强调的言语模式由时代社会意识形态经济条件决定的社会史观，见《巴赫金全集》（第二卷），河北教育出版社1998年版，第476页。

④ 见李福清：《三国演义与民间文学传统》，上海古籍出版社1979年版，第123—124页。

白”语言表述法，已经不是单纯的语言学话语模式。李福清通过大量不同的情节话语单元细致地比较分析了《三国志平话》中直接引语的种种形式特点及其演变发展，特别是“平话”这样的民间文学作品与叙述同一事件的古籍作品相比，其中一个“平面单位”人物说话的次数几乎多了一倍，来说明对话话语在俗文学中重要的叙事作用：其一，有助于克服文言文特有的单调性，不同引入手法的运用提升了对话的文学质量，一定程度上克服了人物语言呆板的问题；这里再一次体现出巴赫金言语学说对李福清的深刻影响。李福清在此引述巴赫金的话说：“如在引入动词的相应的地方插入评注之类，对于克服直接引语的呆板会有着重要意义。”[①] 其二，中国古代俗文学的美学体系中，尽管人物的直接引语，包括自我独白都十分单纯，缺乏诸如谚语、格言等成分，也并不总是口语，但是其处于书面语言形式和口头话语之间，一方面从中可见史籍的影响渊源，另一方面对研究史籍及其发展演变大有助益。同时更加表明，对话关系、对话原则在俗文学中发挥着重要的作用。这也似乎在印证巴赫金的论说：“语言不能自我存在，而只存在于与具体表述及具体的个体语言行为相结合之中。”[②] 其三，直接引语形式已经显示出从“单线形”话语叙事向具有“立体感”多声部语言演化的趋势，现代说书艺人的人物话语表现手法偶见端倪。

“文学艺术的语言问题是文艺学的中心问题之一。文学语言与普通语言的关系构成了文艺学研究的一个重点。”[③] 以阿列克谢耶夫、李福清等俄罗斯汉学家在语言学诗学意义上对中国民间文

① [俄]李福清：《三国演义与民间文学传统》，上海古籍出版社1979年版，第129页。
② 《巴赫金全集》（第二卷），河北教育出版社 1998 年版，第 476 页。
③ 吴晓都：《再论赫拉普钦科的文论思想》，《中国俄语教学》2016 年第 2 期。

化诸种问题的探寻，在世界文化整体视野中置身于中国“之外”，历史地比较分析其中的文化根源理据，对其中“如何表达”的语言形式（层面）的关注及其所作的精辟阐释，无异深得俄国学界语言学诗学研究模式之道，同时与20世纪初以来西方学界沸沸扬扬的“语言学转向”也脱不开干系，尽管其中不无极端偏颇之见和牵强之处，但俄罗斯汉学家独辟蹊径的中国民间文化领域的“语言学诗学”研究对当时的中国研究界无异是种前卫，对当下的中国民间文化研究亦有极大的参照和启示意义。

论邦达尔科功能语法理论与韩礼德系统功能语言学之学术思想的互补性[①]

姜宏

在世界众多的功能主义类型中，由俄罗斯科学院院士邦达尔科（A. B. Бондарко）创建的“功能语法理论”（Теория функциональной грамматики）和由西方学者韩礼德（M. A. K. Halliday）创立的“系统功能语言学”（Systemic- Functional Linguistics）无疑占据着举足轻重的地位：它们分别在斯拉夫语学界和英语学界有着广泛的影响力。更为重要的是，作为世界功能主义范式的“领头羊”，它们不仅在解释语言的社会功用方面各有所长而显现出潜在的互补性，且在学理上相通相达而具有现实的可比性。但是，由于种种差异和隔阂，多年来西方与俄罗斯语言学界缺乏必要的交流，二者在功能主义研究上也缺乏相互的认同。在中国语言学界情况则更值得深思。众所周知，功能主义在中国的队伍和影响力远远大过形式主义。[②]然而，中国功能主义的兴旺其实主要是系统功能语法的兴旺，或者说这种兴旺基本上限于汉语界和英语界，在俄语界，人们对功能语言学的理解主要指的是邦达尔科的功能语法理论。如同汉语界和英语界几乎听不到有关俄罗斯功能语言学的介绍和信息一样，俄语功能主义研究者也不大信奉

① 本文系国家社科基金项目“俄罗斯功能语法理论与西方系统功能语言学对比研究”（11BYY122）的阶段性成果。

② 徐烈炯：《功能主义与形式主义》，《外国语》2002 年第 2 期。

和介绍西方功能主义。这种现象对于中国的语言学研究，包括汉语语言学研究，无疑是非常不利的。

可见，无论是西方与俄罗斯还是中国，无论是英语界和俄语界还是汉语界，都需要加强沟通、增进交流。尽管迄今为止学界对功能语法理论和系统功能语言学的研究都已取得丰硕成果，但仍少有对比分析。因此，从学理维度上对两种理论进行对比研究有着重要的语言学价值，可以找出其异同，发现其长短，达到相互借鉴、相互补充之目的。学理上的对比，可以从不同角度和方面展开，其中学术思想是这种对比的重中之重。本文欲对两大理论的学术思想进行全面对比，并对二者的互补性进行论证。

所谓“学术思想”，是指一种理论所体现的提出问题和解决问题的系统理念和宏观观点。它作为语言学理论思维的出发点（有时候可能只是一种科学设想），贯穿于其学术研究的整个过程之中，是其基本学理在思想层面上的集中体现。可以说，学术思想是语言学理论对比研究的精髓部分，也是评价其学术价值的主要依据。显然，邦达尔科的功能语法理论和韩礼德的系统功能语言学有着各自的学术思想，它们是邦达尔科和韩礼德用尽毕生精力潜心钻研而取得的思想成果，也是两大理论对当代语言学发展做出的重要贡献。

1. 两大理论的学术思想介绍

对于系统功能语言学的核心学术思想，目前学界都基本遵循胡壮麟教授提出的“六个核心思想”予以系统把握，即（1）纯理功能（元功能）的思想；（2）系统的思想；（3）层次的思想；（4）

语境的思想；（5）功能的思想；（6）近似的或盖然率的思想。[①] 关于这些思想，学界已有大量著述进行过介绍，如《功能主义纵横谈》《论语篇功能思想的元理论意义》等。

我们着重介绍俄罗斯功能语法理论的学术思想。功能语法理论由苏联科学院院士邦达尔科创建于20世纪70年代。其特点是通过“功能语义场”（фунционально-семантическое поле）的概念把属于不同语言层面（词法、句法、构词、词汇等）、但具有同一语义功能的手段看作一个整体，对它们在言语中的功能进行全面描写，从而打破了传统语法中语法学和词汇学之间的界限。迄今为止，对于功能语法理论的核心学术思想，邦达尔科本人及其追随者们都未曾进行过系统的提炼和总结。我们的研究表明，功能语法理论的核心学术思想主要体现在以下6个方面：（1）语义系统以及语义范畴的思想；（2）潜在功能和现实功能的思想；（3）功能语义场的思想；（4）范畴情景的思想；（5）语境的思想；（6）形式与意义双向和交替描写的思想。

1.1 语义系统以及语义范畴的思想

邦达尔科把语言的语义系统划分为两个部分——“意义”（значение）和“意思”（смысл）。其中“意义”指某一语言系统中反映该系统特点的语言单位、类别和范畴的意义，即语言符号本身所具有的意义。“意思”指言语中所传递和所接收到的内容，既包括同义话语、原文话语及其译文话语中的共性内容，也包括作为语言意义系统基础的“语义或概念范畴”（семантические или

① 胡壮麟：《韩礼德语言学的六个核心思想》，《外语教学》1990年第4期。

понятийные категории）的内容[①②]。与此同时，“意思”还可分为“系统—范畴意思”（системно-категориальный смысл）和“言语意思”（речевой смысл）两方面的内容。其中，系统—范畴意思是通过“语义范畴”（семантическая категория）来体现的。语义范畴的基础是人们认知和思维中所反映的语言外活动，同时，语义范畴总是与具体的语言表达手段紧密相关。而言语意思既可以是说话人想要传递的信息，也可以是听话人所接收到的信息，它不仅依赖于话语的语言表达片段（即上下文）来实现，而且常常还包含着话语中各种语用信息以及各种各样的隐含和预设信息[③]。在功能语法理论体系中，“意思”中的“系统—范畴意思”（即语义范畴）占据着尤为重要的地位，因为它是功能语法理论另一核心思想——“功能语义场”（функционально-семантическое поле）赖以生存和运作的基础。

语义范畴具有双重的性质：它既是思维内容中高度抽象化的范畴，反映客观现实的关系，是一种“语义恒量”或“语义恒体”（семантическая константа），同时，它又在不同语言中得以表达，反映不同语言系统的基本特征。简而言之，语义范畴既是认知范畴，又是语言范畴，更为重要的是，语义范畴是通过语法单位、语法类别和语法范畴的意义得以体现的。也就是说，能够形成语义范畴的必要条件是它在语言中具有系统的体现形式，那些由个别词语或者描写性手段体现的概念不能称其为语义范畴。确切地说，语义范畴指的是语法领域中基本的综合语义恒体，它

① Бондарко А. В. Теория значения в системе функциональной грамматики: на материале русского языка, М., Языки славянской культуры, 2002. С. 102.

② Бондарко А. В. Категоризация в системе грамматики, М., Языки славянской культуры, 2011. С. 260-281.

③ Бондарко А. В. Теория значения в системе функциональной грамматики: на материале русского языка, М., Языки славянской культуры, 2002. С.102-103.

们通过各种手段（词法的、词汇的、句法的、构词的、混合的等）表现为各种意义变体，如时间、空间、性质、数量范畴等。因此，邦达尔科的语义范畴常常被冠以“语法的”的定语，即“语法的语义范畴”（семантическая категория грамматики）[①]。由此可见，语义范畴一方面与人类的认知活动和与人的本质紧密相关，另一方面又离不开对其语言表达手段和形式表征，尤其是语法层面的手段，上述两个方面紧密相关，缺一不可。因此，像“颜色”“植物”“动物”等没有语法表现形式的范畴，就不在邦达尔科所指的语义范畴之列。与此同时，邦达尔科还把某些“语义关系”（семантические отношения）纳入原型语义范畴之中加以审视。所谓语义关系，主要指的是句法上的逻辑关系，例如通过复合句的关联手段所表达的联合、对立和选择，以及其他限定性关系（如原因、条件、目的、结果等）。[②]

就语义范畴与言语意思的关系而言，某些具体的话语并不是为了表达语义范畴，它们的目的是要表达言语意思，但具体意思的表达则需要通过一定的语义恒量来调节，这些语义恒量就表现为各种变体的语义范畴。例如，在“**Я хочу домой**（我想回家）”这句话中，就包含着下列语义范畴：情态（指一种意愿），时制（指表达意愿的现在时），时体（指“感受意愿”的状态），具体的时位和人称（指意愿与说话人的关系），态（指意愿存在的主动态），处所（指所拟运动的方向和终点）。所有这些语义变体的恒量则是语义范畴“意愿”[③]。

---

① Бондарко А. В. Категоризация в системе грамматики, М., осква:Языки славянской культуры, 2011. С. 272-282.

② Бондарко А. В. Теория значения в системе функциональной грамматики: на материале русского языка, М., Языки славянской культуры, 2002. С. 102-103.

③ Бондарко А. В. Функциональная грамматика, Ленинград: Наука, 1984. С.31.

1.2 潜在功能和现实功能的思想

邦达尔科把功能看作是表达一定（语法）意义的某一种或某一组语言手段的使用目的，或者说是语言系统某一成分的用途[①]。例如，单数第二人称动词形式的功能即表达与言语对象的关系或泛指人称。显然，功能与语言单位的“意义”紧密相关，但它又不等同于意义，即便是与意义比较接近的“语义功能”（семантическая функция）与意义也有着不同的内容，意义是形式的内部特性，属于符号关系和符号系统，它受限于语言的外部世界，与语境无关，而语义功能属于“言语意思”范畴，它涉及所有的语境因素，牵涉不同语言层面的语言单位之间的相互作用。总而言之，意义属于语言单位及其所含语义的关系范畴，而功能属于语言的目的和用途范畴。任何意义都可以看作是一定手段或语言手段的功能，但不是所有的功能都是意义。

在功能语法理论的功能思想中，占据显著地位的是“潜在功能”（потенциальная функция）和“现实功能”（результативная функция）的思想。前者指语言单位在语言体系中固有的完成某项任务或发挥相应作用的能力，这是语言层面上的概念；后者指语言单位在具体语言环境中所发挥作用的结果，即在言语中实现了的作用，这属于言语层面的内容。

潜在功能和现实功能体现着语言和言语、功能和功能化之间的关系，它们在功能语法理论中分别对应于功能语义场和“范畴情景”（категориальная ситуация）的概念（详见下文“功能语义场的思想”和“范畴情景的思想”）。二者之间的关系具有双重性：

---

① Бондарко А. В. Категоризация в системе грамматики, М., Языки славянской культуры, 2011. С. 207.

一方面，这是功能整体框架下可能性和现实性之间的关系；另一方面，它又是一种条件和结果关系。潜在功能是现实功能的前提或者说成因，它是语言单位的一种概括和抽象的能力；而现实功能是潜在功能在具体言语行为中的体现。[①]

1.3 功能语义场的思想

邦达尔科认为，功能语法理论所涵盖的不应该仅仅是那些构成对立性关系的语言现象（оппозитивные явления）（传统意义上的语法范畴），还应该包括一些非对立性现象（неоппозитивные явления），甚至在同一个语法范畴之内，可能出现对立性和非对立性两种联结方式。例如，俄语中“式”的词法范畴包括陈述式、假定式和命令式，三者是通过非对立性区别联结的：命令式的语义特征是祈使性，陈述式的语义特征是现实性，而假定式的语义特征是非现实性。非对立性特征是自然语言中的客观存在。[②] 此外，传统语法主张语法范畴有明显的边界，范畴内的成员地位相等。但是，许多语言事实并不能如此轻易地“一刀切”。

为了解决上述问题，邦达尔科从自然学科中引进了“场”（поле）的概念，从而提出了“功能语义场”的思想。功能语义场首先确定“基本意义”或者“典型意义”，然后根据这些意义来扩展系列的“边缘意义”。[③] 按照邦达尔科的思想，在一个功能语义场中，有一些语言表达方式可以最为典型地体现该功能语义场的范畴意义，它们构成功能语义场的中心部分；而一些不典型的表达方式则构成功能语义场的边缘部分。从“中心”到“边缘”

① Бондарко А. В. Функциональная грамматика, Ленинград: Наука, 1984. С. 18-20.
② Бондарко А. В. Принципы функциональной грамматики и вопросы аспектологии, М., УРСС, 2003. С. 3-4.
③ 王铭玉、于鑫：《功能语言学》，上海外语教育出版社2007年版，第63—65页。

是一个逐渐变化的过程，并没有绝对的界限。功能语义场在结构上就是一个从中心向边缘辐射的模糊聚合体。① 功能语义场本质上讲是一种语言中不同层面语言表达手段（包括词法的、句法的、构词的、词汇的以及综合的，即词汇一句法的等）的集合体，这些手段因为具有共同的语义功能而联合在一起，它们相互作用，表达一定语义范畴的不同意义变体。也就是说，功能语义场是一个包含着“形式”和“内容”两个方面的统一体：在形式上，它既涵盖一定的语法单位、语法类别和语法范畴，又包含与之相互作用并有着共同语义基础的其他不同语言层面的表达手段。在内容上，每个功能语义场都是以一定的语义范畴为基础的，都包括一定的语义范畴系统、类型、种类和变体等。正是语义范畴这一语义原型把不同语言手段联合在一起并使其相互作用，形成了一个圆形场②③。

1.4 范畴情景的思想

邦达尔科认为，功能语法理论的建构仅仅依靠属于语言系统聚合关系的功能语义场还不够，还需要一个通向言语的对接口，从而使聚合关系与组合关系能够结合起来。这一对接口就是“范畴情景”。所谓“范畴情景”，是指由话语中不同手段表达的某个语义范畴的典型（体现为这样或者那样的语义变体）意义结构，它是功能语义场在言语中的重现，是话语所表达的总的情景中的

---

① Бондарко А. В. Категоризация в системе грамматики, М., Языки славянской культуры, 2011. С.77-85，180-201.

② Бондарко А. В. Принципы функциональной грамматики и вопросы аспектологии, М., УРСС, 2003. С.3-4.

③ Бондарко А. В. Категоризация в системе грамматики, М., Языки славянской культуры, 2011. С. 24-26.

一个方面。[1] 范畴情景和功能语义场一样，反映着语言现象的双重特征，即语言在话语中的语义结构及其形式表达。从表达形式看，范畴情景的语义结构不只是局限于某一语法形式，而是与话语的各种手段紧密相关。从语义特征看，它是由不同话语手段表达的典型意义结构，即是话语内容中占主导地位的意义结构。该结构常常与一些句子（语句）类型的名称相对应，如存在句（语句）、所有格句（语句）、评定句（语句）、比较句（语句）等。

范畴情景与功能语义场和语义范畴之间存在一种复杂的相互依赖关系。就范畴情境意义和语义范畴的关系而言，语义范畴是典型的意义结构，是语义恒量，它是类概念；而范畴情境意义则是种概念，它更为具体。范畴情景与语义范畴之间存在着具体和抽象、个别与整体的交叉关系。就范畴情景与功能语义场的关系而言，前者是后者在话语中的映射。如果说功能语义场研究的是一种语言中某个语义范畴的所有语言表达手段的话，那么范畴情景则是研究话语中这一语义范畴的功能变体及其表达手段，是功能语义场在言语中的表现和语义范畴在话语中体现的功能形式，即意义变体。[2][3]

1.5 语境的思想

邦达尔科在研究语言及其单位的语义功能时，十分注重“语境”（среда）的作用。他认为，语言的功能是当语言系统中各种

---

① Отв. Ред. Бондарко А. В. Теория функциональной грамматики: Введение. Аспектуальность. Временна локализованность.Таксис, М., УРСС, 2003. С. 11-14.

② Бондарко А. В. Функциональная грамматика, Ленинград: Наука, 1984. С. 13-15.

③ 姜宏:《俄汉语义范畴的多维研究——空间和时间范畴之对比》，北京大学出版社 2013 年版，第 7—8 页。

语言单位与其周围环境相互作用时才得以实现的。① 邦达尔科根据语境和语言系统中不同对象的关系，把语境分为两种类型：一种是“语言系统（即聚合）语境”（системно-языковая среда），指语言单位（范畴或组别）在聚合系统中的环境，它与词法范畴和词汇—语法类别紧密相关。例如，形容词能否构成比较级取决于它是属于性质形容词还是关系形容词。另一种类型是“言语语境”（речевая среда），指语言单位在言语中的环境，即“上下文”（контекст）和“言语情景”（речевая ситуация）。“上下文”属于语篇范畴，指对话语意义的表达产生重要影响的信息，上下文语境主要通过语言手段来体现。“言语语境”包括语言外的社会因素、文化因素、人的因素等非语言因素及其在说话人和听话人认知中的反应。②

尽管邦达尔科十分重视语境在语言及其单位功能化过程中所起的作用，但也不难发现，他对语境的分析主要是限定在语言系统内的环境和上下文之中的，而对其他类型语境的分析并不深入，也未就语境影响语言功能的具体机制做出阐释。

1.6 形式与意义双向和交替描写的思想

功能语法理论是采用“从意义到形式”（由里及表）和“从形式到意义”（由表及里）相结合的描写方式，其中，“从意义到形式”是基本的构建原则，它决定着功能语法理论的性质。不过，在具体研究过程中，上述双重视角的原则是多次和相互交替进行的，即这两个描写原则都同时遵守“从意义到形式”和“从形式

① Бондарко А. В. Категоризация в системе грамматики, М., Языки славянской культуры, 2011. С. 15.

② Отв. Ред. Бондарко А. В. Теория функциональной грамматики: Введение. Аспектуальность. Временна локализованность.Таксис, М., УРСС, 2003. С. 10.

到意义”的原则。也就是说，在具体的操作过程中，这两个原则是交替进行的。例如，“从意义到形式”的过程就包括两个方面：一是语言单位固有的意义（значение）→表达该意义的形式（форма）；二是所要表达的话语意思（смысл）→带有特定意义的语言表达手段（формы со значениями）。在“从形式到意义”的过程中也包括两个方面：一是形式标记（форма）→这些形式标记所固有的意义（значение）；二是形式标记和意义的统一体（语言单位）（формы со значениями）→这些语言单位所能表达的话语意思（смысл）。①② 在我们看来，上述两个过程集中体现着这样一个中心思想，那就是语义范畴从语言及其形式中总结而来，而后又可作为分析该语义范畴及其各种语义类型的所有表达手段的起点，这些手段又可作为对其话语意思分析的起点。因此，以上第一个方面的第二过程，常常用“从功能到手段”（от функций к средствам）来表示，而第二个方面的第二个过程则常常用“从手段到功能”（от средств к функциям）来表示。

2. 两大理论的学术思想对比

对两种理论的学术思想进行对比，其中不可或缺的节点是两种理论之间既要有某些相通之处或互利之处，同时又要有一定的差别。同属功能主义研究范式的功能语法理论和系统功能语言学，就其学术思想而言，有许多相通之处。如它们都聚焦研究语言及其单位的功能，都强调语境对实现语言功能所起的作用，都

---

① Бондарко А. В. Принципы функциональной грамматики и вопросы аспектологии, М., УРСС, 2003. С. 33-40.

② 姜宏：《俄汉语义范畴的多维研究——空间和时间范畴之对比》，北京大学出版社 2013 年版，第 5—6 页。

把语义描写作为研究的重点，都倾向对话语和语篇而不是句子进行分析，都在描写语言现象的同时不忽略对其进行解释等。但是，由于生成背景不同、学理渊源有别等因素，二者又在各自的研究中显现出鲜明的个性和特色。正是这些共性和个性使得两大理论的对比研究能够得以进行。与此同时，我们认为，对比分析的目的并不是彰显其共性，而是寻找出两种理论本身所具有的不同学术魅力和理论阐释力，这就是个性，因为只有个性成分才是某一理论得以生存和获得持续发展的动力源泉。因此，我们可以在两大理论的共性范围内对二者的个性进行重点分析，即共性所彰显的相似性和观念相似下的内涵差异性。归纳起来，这种共性下的相似性及其内涵差异性主要体现在以下几个方面：

（1）二者都强调系统与功能并重，都注重对系统的描写，都将语言看成是一个聚合的“系统中的系统”。不过，两大理论是通过不同的概念来描写语言系统的：邦达尔科通过“功能语义场”来建构和描写语言系统网络，而系统功能语言学则是以“系统”作为基本范畴的，“系统”概念是系统语法解释原则中的基本出发点。另外，邦达尔科的功能语义场是意义与形式的统一体，而韩礼德把整个语言系统看作是一种意义潜势，他对系统的描写更多集中在系统的确立及其与系统网络的关系、系统的选择、从属关系、入列条件、选择表达、选择说明和选择终止的问题上，而对意义潜势是形式还是意义或者是二者的统一体的问题并未做明确的回答。我们认为，这一问题其实是系统功能语言学的一个重大缺陷，即功能与意义、意义与形式有时候混为一谈，界限不明。

（2）二者都把语言系统看作是可供选择的网络系统，都体现出语言选择观。例如，二者都认为，语言具有固有的潜在功能，可供人们进行选择，即人们使用语言的过程就是语言使用者依据自己想要表达的意义并按照不同的语境不断做出选择的过程。不过，二者是分别通过潜在功能和意义潜势的概念来阐述这一问题的。此外，邦达尔科对意义与功能、意义与形式做出了明确的界定，而韩礼德，如上所说，在这一问题上始终存在着某些令人疑惑的方面。

（3）二者都重视对语言及其单位功能的分析，都既研究语言的潜在功能，又研究语言在言语中实现的功能。但是，二者对功能研究的侧重点有所不同。功能语法理论重点研究的是语言形式在具体言语环境中是怎样相互作用的，从而表达语义范畴和语义关系的，而这些意义基本上是建立在语法范畴基础上的。这说明，功能语法理论的功能具有两个典型特征：一是与语法紧密相关，二是侧重语义功能；而系统功能语言学重点观察的是语言形式是怎样受社会因素的制约，以及怎样在语言系统中得以体现，又怎样形成语篇等相关现象，因此，它更为注重的是对语言的纯理功能即概念功能、人际功能和语篇功能等做出阐释和描写。

（4）二者都强调语境在语言单位功能实现过程中的重要性，都重视语境因素对语言使用和语言意义的影响。但是，功能语法理论强调的是系统语言环境和上下文环境；系统功能语言学关注到与言语活动直接相关的情景语境以及更大范围的文化语境等，而且有所创新——建构起相关的语境机制及其与语域类型之间的有机联系。

（5）二者在研究中都借用自然科学的相关概念，从而展现出开放的博采众长和融会贯通的研究思路。对邦达尔科而言，这主要指他提出的“场”的思想，而对韩礼德而言则是有关“盖然性”的思想。但是，二者所借用的自然科学概念在其各自理论中所起的作用是不同的："场"的概念在功能语法理论中起着核心的作用，而"盖然性"概念在系统功能语言学中主要是用来补充其语境思想的。

（6）二者都注重与语言的使用或实用价值有机地衔接。但二者在注重语言的实用性方面又各具特点：功能语法理论遵循"积极语法"的"从意义到形式"来描写语言及其应用，关注的焦点是说话人的思想表达。鉴于人类思维范畴的共性，因此，它比较适合于进行语言学的对比研究，也适用于与外语教学的衔接；而系统功能语言学注重研究与人的交际行为和生活紧密相关的语言现象，因此，它的相关学术思想比较易于被社会语言学和交际语言学所吸纳，其盖然性思想与语料库更是有着直接的关系。

3. 功能语法理论和系统功能语言学学术思想的相互借鉴

研究表明，就两种理论的个性而言，它们的学术思想既有自身的优势，同时又存在着某些缺陷，而其中一些缺陷完全可以通过相互借鉴的途径加以弥补。这也正是本文的最终目的所在。鉴于此，我们拟对功能语法理论和系统功能语言学就学术思想方面的可借鉴之处提出我们的设想。

3.1 功能语法理论对系统功能语言学的借鉴意义

就整体而言，功能语法理论对系统功能语言学具有下列 4 个方面的借鉴作用：

（1）关于语言语义内容（指意义和意思及功能的区分）的思想。这是韩礼德所没有考虑到或者说没有阐释清楚的问题，也可以说是系统功能语言学理论中的一个主要缺陷，即对功能与意义、系统和形式及意义相互关系的认知阐释有些含混不清，以至于把应属于“系统语法”的内容，即语言形式（指语法—词汇层）放到了“功能语法”中进行描写。

（2）关于功能语义场的思想。韩礼德用“意义潜势”的概念来描写语言系统，但自始至终并未对系统是形式还是意义，或者系统是否为形式与意义的统一体的问题进行过论述。而在这一点上，邦达尔科采用功能语义场的概念，把语言形式及其意义（潜在功能）纳入一个统一体来对语言系统进行描述就显得更据阐释力，值得系统功能语言学借鉴。

（3）关于范畴情景的思想。“范畴情景”是邦达尔科描写语言通向言语、潜在功能现实化、功能语义场在言语中的具体化的重要概念。韩礼德由于对系统和功能及意义之间未做明确划界，因此，一直缺少一个可以相当于邦达尔科的范畴情景的概念来解决以上问题。

（4）关于“从意义到形式”和“从形式到意义”的双向及分阶段交替研究的思想。这一思想把语言和言语、系统和功能、说话人和听话人分成不同阶段来进行描写，它较之韩礼德的侧重分析单向的听话人的取向更有合理之处，也更符合交际尤其是跨文化交际的现实需要。

3.2 系统功能语言学对功能语法理论的借鉴意义

从系统功能语言学对功能语法理论而言，在我们看来，其借鉴的作用可能显得更为宽广一些，因为从本质上讲，系统功能语言学作为与形式主义语言学相对立的一种科学样式，它较之功能语法理论而言具有更为纯粹的功能主义性质，而功能语法理论则更多地显现为一种结构功能主义。归纳起来，这种借鉴主要体现在以下 5 个方面：

（1）关于纯理功能的思想。“纯理功能”是对整个语言功能的高度概括，这种概括能较大限度地满足人类交际的实际需要，而邦达尔科的“语义范畴”是建立在语法范畴的概念基础之上的，实际上仅靠这些语义范畴和语义关系是无法满足人类交际的实际需要的。事实上，目前还没有一种理论可以覆盖所有的语义范畴，其中也包括韩礼德的系统功能语言学。但是，韩礼德的纯理功能至少可以给我们提供一个制高点，让我们在其框架下进一步挖掘各类语义范畴和语义关系。这无疑对功能语法理论的语义范畴和功能语义场理论是一个重要的启示。

（2）关于语境和语域及其机制关系的思想。这可以说是邦达尔科理论的一个重要缺陷。邦达尔科尽管同样重视语境对语言实现功能的作用。但是，他所说的语境具有一定的局限性，其语境思想也尚未形成一种完整的语境功能机制。在我们看来，系统功能语言学的语境思想在某种意义上完全可以对功能语法理论的语境研究提供更为完善和成熟并具有实用性和操作性的理论框架。

（3）关于语篇的思想。韩礼德的语篇思想，是其将语言置于纯理功能中所得出的思想成果，或者说是其对纯粹的语言内部功能做出的描写，因此，它不同于其他功能主义流派对语篇的认识而具有鲜明的个性。尽管邦达尔科也重视逻辑语义关系的表达以及对主位结构和信息结构及语篇问题的分析，但却缺乏系统的理论和专门的方法论支撑。韩礼德的语篇思想对邦达尔科而言无疑具有重要的借鉴意义。

（4）关于盖然性的思想。韩礼德的盖然性思想不仅对自然语言中一些非规则性现象进行了解释，而且就这些现象与语境之间的关系做出了说明，从而解决了语言中不同语言形式使用频率高低的问题。而邦达尔科虽然也强调自然语言的非规则性的特征，且把一些非规则性语言现象纳入相关的研究之中，但却缺乏一种把这些现象与语境联系起来的有效机制。显然，盖然性思想对邦达尔科的理论学说可以起到一定修补作用。

(5) 最后，从学术思想的提炼总结和推广度来说，系统功能语言学远远走在了功能语法理论的前面。这与韩礼德在中国的追随者和弟子们的积极努力是分不开的。功能语法理论至今尚未有人对其核心学术思想进行过全面梳理和提炼，其推广就更需要加强。在这一点上，中国的功能语法理论学家们任重而道远，还需要更多借鉴国内系统功能语言学家们的推广经验和宣传经验，团结一致把功能语法理论在国内的研究推向一个新的高度。

Риторическое отражение образа Китая в русской литературе—на примере стихотворений Н. Гумилева на тему «Китай»

Хуан Мэй

В аспекте сравнительного литературоведения проводится исследовательская работа по имагологии, которая изучает образы «других», «чужих» наций, стран, культур, инородных для воспринимающего субъекта в отечественных литературных произведениях. Образ «чужого» изучается в имагологии как стереотип национального сознания, т. е. как устойчивое, эмоционально насыщенное, обобщенно-образное представление о «чужом», сформировавшееся в конкретной социально-исторической среде. Полагается, что такое направление изучения литературы носит явный межкультурный характер.

Как всем известно, несмотря на географическое соседство, Россия и Китай исторически сложились как различные цивилизации: славянско-православная и китайско-конфуцианская. Отличия между двумя государствами и цивилизациями огромны и проявляются в различии этнического состава, несхожести национального характера, различиях культурно-исторического развития. И естественно, такие отличия сказываются в литературе, и имеет свою эволюцию с ее развитием. Естественно, образ Китая сформировался в российской культуре не сразу, с середины 18 века он начал занять место в русской общественно-политической мысли и продолжает реализовать литературные функции до настоящего времени. Это обусловлено растущим контактом в то время между двумя странами.

В настоящее время отражение образа Китая в русской литературе изучается китайскими и русскими литературоведами. Исследование китайских ученых в основном касается таких произведений, как рассказ Л. Н. Толстого из его «Азбуки» и «Китайская царица Силинчи» (1857), стихи Н.С. Гумилева «Фарфоровый павильон» (1918), повесть В. В. Иванова «Бронепоезд 14-49» (1922), рассказ М. А. Булгакова «Китайская история» (1923), сборники стихов В. В. Маяковского «Прочь руки от Китая» (1924), «Московский Китай» (1926), «Прочти и катай в Париж и Китай» (1927), стихи С. М. Третьякова «Рычи, Китай» (1924), рассказ Б. С. Житкова «Урок географии» (1930), отрывки из книги О. М. Гурьяна «Рассказы Мей Лин» (1958) и сборника миниатюр С. Г. Георгиева «Запахи миндаля» (1997), а также произведения Пушкина, Гончарова, Толстого, Чехова, Пелевина и др.

Русские ученые также посвятили такой теме большое количество трудов. Здесь я могу назвать части их работ: «Образ Китая в русской поэтической традиции» Н. Г. Медведева, «Китай у русских писателей» Романенко А. Д. «Китай и китайцы в русской прозе 20х-30х годов как символ всеобщего культурного непонимания» К. Пчелинцевой.

Вышеперечисленные работы путем анализа образа Китая в

русских художественных произведениях практически пришли к одному и тому же выводу, что в зависимости от этапов исторического развития отношений двух стран и личного восприятия автора, Китай демонстрируется в самых разных образах, положительном и отрицательном, трудолюбивом и хитром..., которые созданы эмоциональным переживанием в жизни с целью удовлетворения творческих мотивов самого автора. На этой основе мы полагаем, что образ Китая в русской литературе в сущности является субъективным и индивидуальным отражением объективно существующей страны, он может частично, или полностью не совпадает реальному образу Китая, а в отдельных случаях он даже превращается просто в фантазию. Таким образом, важно подчеркнуть, что образ «чужого» в литературе представляет собой весьма сложное и многоаспектное явление, которое требует междисциплинарного изучения. В то же время оно выполняет культурную, социальную, поэтическую, литературную и др. функции, среди которых мы более подробно остановимся на его риторической функции.

В риторическом аспекте под художественным произведением принято понимать творческую мыслительную и речевую деятельность автора с целью воздействовать на мнение или мысль читателей. Хотя в литературоведении всегда существует спор, для кого автор пишет, для себя или для определенной аудитории, но в качестве речевой продукции, которая желательно получит положительную и активную реакцию у читателей, литературное произведение всегда адресовано на относительно определенную аудиторию, хоть ее граница может быть не очень ясна и ограничена. Исходя из этого, создание (а не реальное и объективное отражение) образа «чужого» выполняет риторическую функцию как прием оказания воздействия на аудиторию (в этом случае—читателей). Далее на материалах стихов Н. Гумилева мы проводим более конкретный анализ образа Китая как риторический прием для воплощения творческих мотивов автора.

Биография Гумилева показала, что поэт никогда не был в Китае, хотя долго мечтал. Но это не мешало ему нарисовать свой Китай. Под пером Гумилева Китай является чудесной, сказочной страной, где живут скромные, вежливые люди, где найдешь духовное спокойствие и счастье. Мы не собираемся обсуждать, насколько правдива иллюзия поэта. Нам интересно то, каков образ Китая в творчестве поэта, что передается поэтом образом Китая своим отечественным читателям.

Обычно под «Китайские стихи» Гумилева понимается его сборник «Фарфоровый павильон», вышедший в свет в 1918 году. Однако китайская тема появилась у него задолго до этого времени. Так в 1909 году было написано стихотворение «Путешествие в Китай», которое позже вошло в сборник «Жемчуг». Это начало интереса поэта к этой загадочной восточной стране. Именно в этом стихотворении заложен основной тон последующих его стихов о Китае. Посмотрим некоторые строфы стихотворения, где сконцентрированы «китайские образы»:

Только не думать! Будет счастье

В самом крикливом какаду,

Душу исполнит нам жгучей страстью

Смуглый ребенок в чайном саду.

В розовой пене встретим даль мы,

Нас испугает медный лев.

Что нам пригрезится в ночь у пальмы?

Как опьянят нас соки дерев?

Эти две строфы полны экзотических картин: крикливый какаду, смуглый ребенок, чайный сад, розовая пена, медный лев, пальма, соки дерев... Может быть, русские читатели без труда чувствуют здесь восточный колорит, но с точки зрения китайцев, они не представляют собой типичный образ Китая. Здесь важно другое: эти китайские элементы собираются и вместе создают счастливую, спокойную атмосферу китайской культуры. Эти описания—иллюзия поэта, и своего рода символ райской жизни. Недаром в конце стихотворения поэт воскликнул:

Только в Китае мы якорь бросим,

Хоть на пути и встретим смерть!

«Я верил, я думал, и свет мне блеснул наконец...»—одно из часто упомянутых стихотворений Гумилева, связанных с образом Китая. Оно состоится из пяти строф. В первых трех строфах акцентируется безнадежная тоска лирического героя, жизненная путь которого бесполезная, и оборвется в любой момент, а также его страх перед бездонной пропастью жизни. Однако начиная с четвертой строфы, интонация стихотворения стала спокойной, звучной: с ней появился образ Китая. Эти два последних четверостишия потом пел как изысканный романс, и получил весьма характерное наименование «Китайская акварель»:

И вот мне приснилось, что сердце мое не болит,
Оно—колокольчик фарфоровый в желтом Китае
На пагоде пестрой... Висит и приветно звенит,
В эмалевом небе дразня журавлиные стаи.
А тихая девушка в платье из красных шелков,
Где золотом вышиты осы, цветы и драконы,
С поджатыми ножками смотрит без мыслей и снов,
Внимательно слушая легкие, легкие звоны.

Во сне сердце поэта превратилось в фарфоровый колокольчик, который «приветно звенит». А Китай здесь «желтый», с этой краской ассоциируется желтая земля Китая, или люди с желтой кожей, а может быть, яркий халат китайских императоров... а пагода пестрая, небо эмалевое, журавлиные стаи летают на небе... Тем более, вместе с ними еще прелестная как фея девушка, ее роскошное шелковое платье красного цвета с узорами, вышитыми золотом, ее элегантная поза, ее туманный взгляд... В глазах поэта эта представительница китайских девушек напоминает успокаивающего ангела. Она утешает душу поэта, возвращает ей гармонию и покой. Но при этом нужно отметить,изображение ос на одежде был странным для русских, и китайцам тоже трудно связать его с красотой. А образ драконов испокон веков можно было увидеть только на одежде императора, простые люди не имели право носить одежду с этим образом, женщины тем более. У дракона есть супруга—феникс, что служило символом императрицы. Видимо, он тоже не для девушек из простой семьи. Из этого видно, что это, очередной раз выдумка поэта.

Вышеназванные стихи с китайскими символиками—очевидное свидетельство интереса автора к китайской культуре. Помимо этого, образ Китая не случайно отражен у автора, он во многом связан с кризисом европоцентристской ориентации творческого сознания. Многие писатели стремились найти путь к преодолению раздробленности человеческого духа, к обретению новой гармоничной целостности человека с миром. В русском искусстве конца 19—начала 20 века большое внимание уделили этой теме. И под пером многих знаменитых писателей и поэтов встречались прекрасные китайские образы. К этим мотивам обращались А. Белый, К. Бальмонт, А. Ахматова и др.

Творчество Гумилева с образом Китая и его символиками пользовалось большим успехом. Критики и читатели восхищались его оригинальным восточным колоритом. Образ Китая в стихах Гумилева—это Китай в его представлении, а не реальный Китай. Но на наш взгляд, реальность образов для поэзии не имеет большого значения, поскольку у Гумилева Китай—не географическое и политическое понятие, а скорее идеальное место для его душевной гармонии. Гумилев как русский поэт обратился к китайской культуре за моральным поиском и вел поэтический диалог между двумя культурами.

Таким образом, можно прийти к выводу, чтоотражением образа «чужого» в литературных трудах не только проявляется интерес самого автора к другой стране, но и передаются творческие мотивы автора и к тому же, его мировоззрение. Создание образа «чужого» по сущности понимается культурный диалог, в ходе которого носитель одной культуры пытается познать культуру другой страны или другой нации, и старается реинтерпретировать ее у себя для решения культурных проблем своей страны. Положительным или отрицательным, иногда даже бывает очень субъективным отношением к созданному образу «чужого» автор метафорически выражает свои оригинальные взгляды на себя, на других, и на окружающий мир. Путем культурного диалога автор оказывает воздействие на мышление читателей, способствует им разделить и воспринять свои жизненные, философские и идеологические идеи. Именно в этом заключается риторическое значение отражения образа «чужого» в литературных трудах.

语言文化学——当代俄罗斯女性文学研究的新视角[①]

刘娟

1. 当代俄罗斯女性文学的特点

20 世纪末 21 世纪初的当代俄罗斯文学经历了重大变革，在美学范式、体裁形式、写作风格、语言表达、情节设计、语篇建构等方面特色鲜明。世纪之交俄罗斯社会的动荡为作家创作提供了大量的文学素材，与此同时也使作家获得了极大的创作自由。他们的写作目的、创作动机及自身职责也随之发生变化。作家们在确定自己在社会政治生活中新的定位的同时，积极探索能够表达自己创作意图、符合大众阅读需求、兼具传统与变革的创作风格，创作个性得到极大张扬。这一阶段，在作品形式上，文学体裁之间有时缺乏明显界限；在语篇构建上，许多小说充满互文性，语篇信息容量极为丰富；在语言表达上，不同语体同时使用、富有感染力的语言手段大量出现；在叙事风格上，线性的平铺直叙经常被不连贯的叙述所代替，叙述充满动感和跳跃。“现实主义、现代主义、后现实主义、后现代主义、后后现实主义、后后现代主义（后概念主义）以及它们各自的流派、变形及混合形式确定了当代俄罗斯文学美学范式的轮廓。”[②]

---

① 本文载《俄罗斯文艺》2018 年第 3 期。

② Скоропанова И. С. Эстетическая парадигма современной русской культуры. //Современная русская литература. Проблемы изучения и преподавания. Пермь: Пермский государственный педагогический университет, 2005. С. 29.

女性文学是当代俄罗斯文学的重要组成部分，充分反映了当代俄罗斯文学的整体面貌。女性文学在继承和发扬俄罗斯文学传统的基础上，大胆突破和创新，在人物塑造、情节建构、主题呈现、语言表达等方面特色鲜明。作品普遍具有以下特征：（1）叙述者的多样化、叙事视角的多元化、时空视角表达手段的复杂化；（2）去结构化的表面下深层和宏观的语篇建构体系；（3）无处不在的开放性：语篇对读者的开放性、不同语篇间的开放性、语篇内部不同情节和书写方式间的开放性。

2. 语言文化学视角研究的必要性与可能性

2.1 当代俄罗斯女性文学研究现状

进入 21 世纪，女性文学“不但已经成为文学进程中大家熟识的明显事实，而且已被纳入文学，甚至是正统文学的语境中”[①]。当代俄罗斯女性文学无论在俄罗斯本土，还是在其他国家都产生了一定的影响，成为学者们研究的对象。在文学研究领域，女性文学的地位和价值、思想艺术性、创作风格、作者及人物形象等是大家研究的重点。在社会性别学领域，学者们努力挖掘女性在文学发展中的作用、她们的写作风格与自我表现之间的关系等。在叙事学研究领域，大家对女性文学的叙事话语、叙事视角、叙事结构等展开研究。在语言学研究领域，女性文学的语言特点、修辞手段、话语形式、典型的句法结构等成为研究的焦点，研究范式正在从对语言手段的研究转向对语言主体的关注。由此可见，女性文学研究已不仅仅局限在文学批评及文学研究领

① Воровьева Н. В. Женская проза 1980—2000-х годов: динамика, проблематика, поэтика, Пермь: Пермский государственный педагогический университет, 2006. С. 93.

域，它的语言特点、叙事风格已引起大家的关注。

2.2 当代俄罗斯女性文学的研究方法

文学作品的特点直接反映在作品的语言表达和文化体现方面，并涉及语言与文化的各个层面。女性文学在叙事上的多变性潜力及多元互文性要求读者和研究者具有丰富的背景知识和良好的审美能力。“每一个语言艺术大师在表达自己的所见所闻、自己对现实现象的理解时，都力图使读者相信这些所思所想的真实性，都力图借助重新展现在读者面前的形象、情感和思想的世界吸引读者。”① 因此，在阅读和研究语篇的过程中，读者和研究者的参与已不是简单的阅读行为，而是创作行为。缺乏对俄罗斯传统文化全面深入的了解，读者和研究者已很难理解作者的创作意图和作品的深层思想。传统的研究方法有时很难深刻和准确地揭示这些作品的叙事特点和语言风格。

为了克服传统研究方法的局限性，越来越多的研究者关注文学作品的形式内容研究与语言符号意义表征研究的结合；文本内部研究与文本外部研究的交叉；女性文学的共性研究与个性研究的并重。借助上述方法，研究者通过对语言手段的分析揭示作品的深层含义，使文学作品的形式研究与内容研究紧密地结合在一起；将文学作品置于文化历史语境中进行解读，把研究视域从文本内部扩展到文本外部；全方位展示当代女性文学的创作特点。尽管上述研究方法取得了一定的成效，但是探讨新的、符合女性文学特点和发展趋势的研究方法依旧是当务之急。

---

① Брандес М. А. Стилистика текста, М.: Прогресс-традиция, 2004. С. 239.

2.3 当代俄罗斯女性文学语言文化学视角的研究理据

语言研究离不开对语言所承载的文化的研究。在当代俄罗斯女性文学创作中，作家为了建构语篇，塑造人物，隐性表达自己的创作意图，激发读者的参与意识，营造多种叙事声音的效果，大量使用互文手段。她们作品中的互文本形式丰富多样，包括语篇、句子、词汇、符号、形象等，内容涉及文学、哲学、音乐、电影等多个领域，蕴含丰富的语言文化背景知识。因此，当代俄罗斯女性文学在对读者的文学鉴赏能力和背景知识储备提出挑战的同时，也为我们提供了一个丰富语言文化知识和提高美学分析能力的途径。

语言文化学是一门综合学科。“语言文化学是研究语言和话语中文化体现、反映及记录的学科，它与民族世界图景、语言意识和信息加工体系研究直接相关。”[①] 语言文化学的理论基础是人类中心论，它关注语言中的人、语言对人的意识和认知的影响，研究语言、人与世界三者的关系。作为语言与文化的承载者，人的语言使用、背景知识、行为规范、思维方式使其成为某一特定民族的代表。研究某一特定民族的人们的语言和认识世界的方法离不开对语言背后的文化知识的了解，因此，许多学者认为语言文化学研究的是语言符号的文化语义，这一语义在语言与文化这两种不同符号的相互作用中形成。文学作品本身就是文化符号，同时它还通过特有的文学语言记录、反映和传承文化，因此，文学作品既是符号本身，也是记录符号的符号，具有双重文化语义和文化功能。使用语言文化学的相关理论研究文学作品完全符合文学作品的双重文化语义特点。

---

① Красных В. В. Этнопсихолингвистика и лингвокультурология, М.: ИТДГК «Гнозис», 2002, С. 12.

俄罗斯的语言文化学在语言国情学基础上发展而来，是对西方相关语言学理论的兼容并蓄，已形成自己独具特色的理论体系和研究方法，可以为当代俄罗斯女性文学研究提供坚实的理论基础。基于这一理论，当代俄罗斯女性文学研究中许多存有争议的问题能够得到合理解决。从语言文化学视角审视和研究女性文学作品不但可以帮助我们揭示作品主题思想和文化内涵，挖掘作家的创作风格和语言特色，分析当代俄罗斯女性文学世界图景，探讨语言与文化之间的相互关系，而且能够指导读者阅读。

3. 语言文化学视角下女性文学的研究内容

文学作品是内容与形式的有机结合，文学语言的含义既包括语言的本身意义，也包括它所承载的散落在字里行间的作家意图，具有语义双重性。文学语言的构建规律不是由语法和句法规则，而是由思想建构规则来解释的，这决定了文学语言的复杂性。因此，仅仅关注文学语言的表层含义，忽视其非语言成分则不能真正解读文学作品。文学作品的诸多思想往往深藏于它的潜文本里，而对潜文本的理解则需借助语言和非语言分析手段。鉴于文学语言的本身特点，我们可以应用语言文化学关于语言个性、观念、语言文化单位、民族个性的相关理论对当代俄罗斯女性文学展开研究，通过分析作品的文化及语言特征，揭示语言与文化的相互关系，挖掘当代俄罗斯女性文学的语言文化价值，并从人物、作者、内容、主题等方面探究当代俄罗斯女性文学在语言文化方面的整体特征和个体风貌。研究内容可以包括下面几个方面：

3.1 当代俄罗斯女性文学的语言个性研究

俄罗斯著名语言学家Ю.Н. 卡拉乌洛夫（Караулов Ю. Н.）于20世纪80年代提出语言个性理论。随之而来的是学者们对语言个性概念的不同理解和定义。语言个性首先被看作具有言语活动能力的个体的言语生成能力，在此研究者们突出的是言语个性；其次被定义为一个能够用语言进行交流的个体的言语表现总和，在此研究者们强调的是交际个性；其后被理解为固定在个体词汇体系里的民族文化定式，在此研究者们关注的是种族语义个性。[①] 在众多有关语言个性的定义中，Ю. Н. 卡拉乌洛夫的定义得到普遍接受。他指出语言个性是“决定个体言语产出的能力和特点的总和”[②]，并把语言个性分成言语—语义、言语认知和语用三个层面。不难看出这三个层面整体涵盖了言语个性、交际个性及种族语义个性。

文学作品人物是作家创作的形象，其举手投足、言谈举止、喜怒哀乐全部服务于创作主旨，作品人物研究一直是研究作家创作风格、揭示作品主题的重要途径。研究人物的语言个性能够帮助我们从有别于文学研究的视角揭示人物性格特点，解读作家创作意图。因此，文学作品人物的语言个性理应成为语言个性研究的重要内容。当代俄罗斯女性文学人物形象丰富、真实生动、语言个性鲜明。我们可以分别从语言个性的三个层面对人物的语言个性展开研究。

（1）人物语言个性的言语—语义层面研究

该层面的研究旨在揭示人物的言语生成能力及其在互动过程

---

① Воргачев С. Г. Лингвокультурология, языковая личность, концепт: становление антропоцентрической парадигмы в языкознании //Филологические науки, 2001(1), С. 65.

② Караулов Ю. Н. Русский язык и языковая личность, М.: Наука, 1987. С. 3.

中的词汇使用特点。我们可以通过分析人物的词汇使用数量和质量、人物言语中的关键词、关键词的语义场、不同人物对不同词群的和相同词群的使用情况等探究人物的语言使用水平及其与此相关的职业、身份、区域特点等。

（2）人物语言个性的言语认知层面研究

这一层面的研究涉及的已不是词汇语义，而是人物对世界的认知。我们可以通过对人物话语进行分析，勾画出人物的语言世界图景，揭示人物在语言使用中体现的认知能力和认知水平，进一步分析人物语言使用中体现的概念、思想和观念，从而发现人物的世界观及价值体系。

（3）人物语言个性的语用层面研究

就构成而言，语言个性的语用层面具有多面性和复杂性，在语言个性的层级中发挥主导作用。这一层面的研究直接触及人物的言语交际动机、目的和利益。我们可以通过分析人物话语的语用目的、语用手段、语用效果，揭示人物交际行为能力，挖掘作为独立语言个性的人物的性格和整个文学作品的文艺特色。

女性作家在人物的选择、描写、塑造等方面存有差异，不同作家笔下的人物千差万别。研究同一作家不同作品中人物语言个性异同，及不同作家不同人物在语言个性三个层面的相似与不同可以全面刻画当代女性文学作品中人物的语言个性特点，发现作者塑造人物的方法。

值得一提的是，在言语—语义、言语认知和语用三个层面构成的语言个性结构里“占据重要地位的是价值观——文化的最根本特点、行为的最高参照”[①]。因此，对人物语言个性的研究不仅

---

① Карасик В. И. Культурные доминанты в языке, Языковая личность: культурные концепты: Сб. наук. тр. /ВГПУ, ПМПУ. Волгоград-Архангельск: Перемена, 1996. С. 3.

可以发现人物的言语产出能力和特点，更重要的是可以透视人物的心理特点，挖掘人物看待世界的态度和行为准则。

3.2 当代俄罗斯女性文学的观念研究

“观念是指向最高精神价值的集体认识（或意识）单位。这一单位具备语言表达形式，并带有明显的种族文化特色。”[①] 虽然从 20 世纪 90 年代开始人们已开始研究观念，但是有关观念的本质问题迄今为止依然没能得到解决。观念分别被看作文化的最小单位、语言和文化意识的定型、被语言化的文化思想、文化常量等。无论分歧如何存在，有两点是可以肯定的：观念与文化密不可分，它反映一个民族的世界观和意识形态；观念既可以是语言化的，也可以是非语言化的。这两点对我们研究文学作品的观念非常重要。作为语言使用的重要形式，文学作品是民族观念的载体。不同民族对同一事物的关注点和认识角度的不同决定了语言的民族性。作家用本民族语言进行创作，文学作品必然体现出民族文化观念。因此，对文学作品的解读不可脱离对历史、文化、意识形态的了解。与普通观念不同的是文学作品的观念同时是诗人和作家的意识单位，带有他们的个人意愿。它们是作者思想的集中所在，是作者意识加工的结果。它们在文学作品中得以展示，并且表达作者对事物和现象本质的个性思考。它们在具有民族性的同时，不可避免地具有作者的主观性和个性特点。正因为作者的创造性和自身的认知行为，文学作品中的观念更容易获取新的意义。

除兼具共性与个性特点之外，不同时期的观念随着历史的发

① Воргачев С. Г. Лингвокультурология, языковая личность, концепт: становление антропоцентрической парадигмы в языкознании //Филологические науки, 2001(1), С. 70.

展而变化。同一时期的不同文学作品在体现共同观念的同时，也有各自独特的观念。因此，研究文学观念对揭示作者的世界观、意识形态、创作目的和手段都具有现实意义。“观念只有在交际情境中才能被揭示。在交际过程中，在文化体系的所有分体系里都会产生正向和逆向的联系。这些联系拓展交际双方被某一观念激发出来的联想潜能（一系列的认知、联想、回忆、形象、象征、动机、主题等）。”[①] 这里的诸多联想都是建筑在双方共同的文化基础之上的。文学创作同样是一种交际行为，作者与读者作为交际双方参与到创作中。因此，文学创作最终是否成功，作者所要表达的意图、所要达到的目的是否能够在读者身上得到体现在很大程度上取决于双方的共通性。不论是对当代女性文学作品中观念的共时性研究，还是对她们作品中俄罗斯传统观念的历时性分析都有利于解读作品，了解俄罗斯文化，发现女性作家的共性与个性。我们可以具体研究下列内容：

（1）当代俄罗斯女性文学的主要观念及其功能

通过分析女性文学的联想要素和关键词来探究不同女性作家作品中的主导观念。对“爱情”“女性”“记忆”“时间”“空间”“情感”“美丽”“上帝”等主导观念的功能展开研究，探讨这些观念在构建作品结构、体现作者创作意图、表达作者与人物相互关系上的功能。

（2）当代俄罗斯女性文学主要观念的语言体现及文化解读

语言是观念的信息载体。对作品观念的研究同时也是对作者语言手段的分析，是对语言中蕴含的文化价值的认识。在传统观念图景基础上，女性作家构建融入自己对世界独特认识的主观图

---

① Зусман В. Г. Диалог и концепт в литературе. Литература и музыка. Нижний Новгород, 2001. С. 8.

景。在这个主观世界图景中，体现着女性作家的文学观念及个性语言世界图景特点。在对文学作品观念进行研究的过程中，我们可以通过多种手段发现观念的语言体现，揭示观念的深层文化含义，对比传统观念在女性文学作品中的变化。

（3）当代俄罗斯女性文学主要观念的共性和个性特点

当代女性文学作品在体现俄罗斯传统观念的同时必定具有独自的观念体系和表达特点。探究主要观念的共性和个性可以使我们从全方位构建当代女性文学的观念体系，丰富传统观念域，揭示文学作品在生成和扩展观念方面不可替代的作用。

3.3 当代俄罗斯女性文学的语言文化单位研究

语言文化单位是俄罗斯学者 B. B. 沃罗比约夫（Воровьев B. B.）提出的语言文化学概念，充分反映了语言与非语言内容的辩证关系。语言文化单位包含语言符号、它的内容及伴随着语言符号的文化意义。语言文化单位同普通的语言单位相比，它的结构更为复杂：除语言外形和语言内部意义之外，它还具有文化内涵。因为自身的文化伴随意义，语言文化单位还兼具认知功能。语言文化单位可以是单独的一个词语，也可以是篇幅很大的语篇。它的存在和价值与生成它的思想语境紧密相关，“生成它的思想语境存在到何时，它便存在到何时”[1]。因此，对语言文化单位的研究是对其文化价值的挖掘。通过分析当代女性文学作品中语言文化单位的文化内涵、表现形态，可以揭示这些单位在当代女性文学创作中所具有的语言意义、文化价值和语篇建构功能。我们可以从下面几个方面展开研究：

---

① Воровьев В. В. Лингвокультурология: теория и методы. М.: Изд-воРос. ун-та дружбы народов,1997. С. 52.

（1）当代俄罗斯女性文学作品中语言文化单位的表现形态研究

任何一部成功的文学作品都包含丰富的语言文化成分，这些成分以各种形式出现在作品中，并且发挥不同作用。当代俄罗斯女性文学所包含的语言文化信息涉及文化的众多领域。基于不同功能，语言文化单位在当代俄罗斯女性文学中表现出不同形态。这里既有对语言文化单位的整体使用，也有对语言文化单位个别元素的部分使用；既有对语言文化单位的借鉴性使用，也有对语言文化单位的反讽性使用；既有对语言文化单位的显性使用，也有对语言文化单位的隐性使用；既有对语言文化单位的建构性使用，也有对语言文化单位的解构性使用。

（2）当代俄罗斯女性文学作品中语言文化单位的语篇建构功能研究

文学语篇是内容与形式的有机结合，语篇的成功建构既需要内容上的逻辑性、整体性、连贯性和统一性，也离不开语言手段和语言文化单位使用的合理性和针对性。当代俄罗斯女性文学具有复杂性、开放性和解构性特点，语篇的内部建构和外部联系手段多种多样，其中使用语言文化单位是非常重要的手段。借助语言文化单位，作者可以使创作意图含而不露，使篇际联系自然流畅。因此，借助传统的语篇分析方法有时很难确定语篇的建构模式。通过研究女性文学语篇所包含的文化观念、民族个性、语言文化单位来挖掘语篇在主题上的深层内涵，全面深入地探究语言文化单位在女性文学语篇的内部建构和外部联系上的功能。

（3）当代俄罗斯女性文学语言文化单位的共性及个性研究

当代俄罗斯女性文学是一个整体的文学现象，必定具有共性特点。但是，作家个人的文化背景知识和意识形态对语篇的产生具有直接或间接的影响。每部作品在体现民族文化共同价值的同时，必然会反映作者的个人意识和世界观。文学语篇中作者的个性不容忽视。当代女性作家在个人成长环境、创作风格、文化背景知识储备、语言表现手段等方面存在差异，在语言文化单位的使用方面既具有共性，也有所不同。对女性文学的研究既应关注它们的共同特点，也应重视不同作家独特的语言文化表现力。为了全面而深入地进行研究，我们可以选择具有代表性的当代俄罗斯女作家，分别对她们的作品进行研究；在总结归纳她们各自语言文化单位使用特点的基础上，进一步研究其共性特征，以达到全方位展示当代俄罗斯女性文学语言文化图景的目的。

4. 当代俄罗斯女性文学作品的语言文化价值研究

语言、文化与文学三者之间相互包容、互为依托。“对于逻辑学家而言，语义是符号与外部世界的关系，而词语及自然语言结构的意义不能被归结为语言与世界间的关系。自然语言的意义是人类中心的，也就是说它反映的是人类本性的整体本质。除此之外，它是种族中心的，即它以该种族为基础。”[①] 可见，每种语言都赋予语言载体自己确定的世界图景，文学作品必定承载者本民族的历史、文化和价值观。因此，文学作品历来被视为重要的语言文化价值单位。其语言文化价值既体现在对传统文化的发扬和传承上，也反映在新的语言文化价值的生成上。当代俄罗斯女性文学蕴含丰富的文化背景知识，但是，它对俄罗斯传统观念和民族个性的批判性继承使它的文化价值有时受到质疑。除此

① Падучева Е. В. Семантические исследования, М: Школа «Языки русской культуры», 1996. С. 222.

之外，由于当代女性文学包含的语言文化元素呈现出多元性、广泛性和隐喻性特点，它的语言文化价值不能被全部发现和完全认识。我们可以通过研究作品的语言单位，透视作品的文化内涵；通过分析语言文化手段，揭示作品的深层含义；通过分析当代女性文学在语言文化元素使用方面的创新之处，确定这一文学现象的语言文化价值；通过梳理语篇的外部建构手段，辨析女性文学的文化内涵。这不但能够反映文学语境的特点，而且符合语言的本质特征。

5. 结语

从语言文化学视角对当代俄罗斯女性文学进行研究，可以使人物、作品主题、语言手段、作者创作特点的研究进入一个更为开阔的视域。研究成果在很大程度上可以扩大在语言学领域对女性文学研究的深度和广度。由此可见，以语言文化学理论为基础，对文学作品展开研究，把文学作品作为文化符号进行探讨，通过对语言单位的研究透视作品的文化内涵的方法和范式具有一定的开创性和现实性。

俄语词汇单位语义辖域和句法辖域的非同构现象[①]

郭丽君

1. 引言

维特根斯坦（L. Wittgenstein）提出："世界是动态的，是一切发生的""世界是事实的总和而不是事物的总和"[②]，在"世界是事物"的范式下语义的研究中心为语词的意义，在"世界是事件或事实"范式下，语义研究转向句子的意义。这成为句子语义研究兴起的认识论来源。"事实"比"事物"包含的东西更多，例如"关系"。20 世纪初发生了哲学的"语言学转向"之后，很多学者都认为："通过人的认识和语言，呈现在我们面前的世界是动态性的，过程性的，并反映着事物及其特征之间的关系。"[③]动态"世界事实观"在哲学领域逐渐得到承认和确立[④]。世界事实观的进化反映到语言研究上，体现为研究中心由词变为句子。阿普列相（Ю. Д. Апресян）指出："现代语义学和经典语义学的区别首先就在于它所关注的与其说是个别词的意义，不如说是整个句的意义。"[⑤]斯捷潘诺夫（Ю. С. Степанов）认为："在把语言理解

---

① 本文原载《外语学刊》2013 年第 6 期。

②［俄］L. 维特根斯坦：《逻辑哲学论》，贺绍甲译，商务印书馆 1996 年版，第 22 页。

③ 华劭：《语言经纬》，商务印书馆 2005 年版，第 143 页。

④ Meinong A. *The Theory of Object.* // Realism and the background of the phenomenology. ed. by R.Chisholm. Glence, 1960. Vendler Z.*Say What You Think.* // Studier in Thought and Language. The University of Arizona Press,1970. C. 92.

⑤ Апресян Ю.Д. Экспериментальное исследование семантики русского глагола, М.: Наука, 1967. С. 8.

为‘符号系统’时，语义和句法依然是主要的、普遍的、永恒的对象，而句子则是作为基础的、本源的现象，因为正是在句子中首先体现出语言的语义。”①

“语义决定句法，通过句法来描写语义”是莫斯科语义学派特殊的语义描写原则，遵循该原则，在题元理论基础之上，莫斯科语义学派句法语义研究学者博古斯拉夫斯基（И. М. Богуславский）提出了“词汇单位的辖域”概念，认为：“一个句法结构片段，如果所含词、短语、语调手段的意义占据词汇单位 L 的配价 α，就称之为词汇单位 L 配价 α 的辖域，并标注为 СДα (L)。”② 显然，博古斯拉夫斯基是弗雷格（组合）原则的推崇者，弗雷格（组合）原则认为：句子整体意思是由部分意思构成，“语言表达的意义（值）来自它部分的意义（值）及其句法联结方式的函数。”③ 在语句的组成中，词义、法位、句法结构，线性语调一重音结构等之间存在着相互作用的普遍规则，这种规则也构成了词汇语义的构建规则。组合原则旨在明确某个结构中部分意思联结成整体意思的方式，同时，明确表征在词汇和句法语境影响下词义发生变化。对词汇单位进行辖域分析，可以有效解释词汇在句法语境影响下词义发生的变化。例如：только 在词汇语义不变化的前提下，出现在同样的句式中会表达出近乎完全相反的句子意义。如：(1) Он удовлетворится только обещаниями (никаких гарантий не потребуется)；(2) Он удовлетворится только надежными гарантиями (никакие обещания не помогут)。尽管两个句子的句法结

① 华劭：《语言经纬》，商务印书馆 2005 年版，第 143 页。

② Богуславский И. М. Сфера действия лексических единиц, М.: Школа «Языки русской культуры», 1996. С. 44

③ Partee B. H. Compositionality. // Varieties of Formal Semantics: proceedings of the fourth Amsterdam Colloquium. ed. by Frank Veltman［C］. Dordrecht: Foris Publications, 1984. C. 318.

构完全相同，但其意义几乎相反。前者的意义是指“большего не требуется（不需要更多）”，后者恰好相反，表示“мельшего не достаточно（再少则不够）”。

遵循组合原则，词汇单位的辖域研究正是从句法语义角度对单个词汇语义进行建构，旨在明确句子中单个词汇单位如何构建成为句子整体意思的方式，进而明确词汇单位在句子中的语义。

2. 词汇单位语义辖域和句法辖域关系

句法题元和语义题元是基于描写情景参与者不同层面而提出的概念。“语义题元和句法题元的区别在于句子描写的层面。”[1] 依照博古斯拉夫斯基关于“词汇单位的辖域”的定义，句法题元是最宽泛和最普遍的辖域。但是，传统语言学对句法题元的认识已经固定下来，句法题元的主要载体是动词，辖域的分析载体涉及所有词类，包括形容词、副词、前置词、连接词、语气词等。在进行句法辖域和语义辖域关系的论述中，博古斯拉夫斯基对应句法辖域分出语义辖域的概念，词汇单位某个配价的语义辖域是指句子中占据该配价的语义结构片段。词汇单位某个配价的句法辖域是指句子中占据该配价句法结构的片段。在大多数情况下，词汇单位的语义辖域和句法辖域之间是同构关系。可以表达为：$СДα^{сем}=СДα^{синт}$[2]，如 Я не смог ответить на вопрос учителя。该句中，否定语气词 не 的句法辖域是其肯定句 Я смог ответить на вопрос учителя 的句法结构，而否定语气词的语义辖域也是该肯定句句法结构的语义，显然两者同构。但是两者关系远不是如此

---

① 张家骅：《莫斯科语义学派的配价观》，《外语学刊》2003 年第 4 期。

② 符号 $СД^{сем}$ 表示词汇单位的语义辖域，$СД^{синт}$ 表示词汇单位的句法辖域。

简单，存在着较多规律外的复杂情形。譬如：在一般情况下，主体配价标准填充模式是主语，如：(3)Иван веселится。但是当句中动词处于非人称形式、动词不定式、形动词、副动词时，或处于并列和对比结构之中，主语配价标准填充模式则无法实现。如：Иван умеет веселиться; Провеселившись всю ночь, наутро Иван загрустил; Иван то грустит, то веселится; Иван чаще грустит, чем веселится。这些句子中，主体配价的语义辖域和句法辖域发生非同构现象，主体配价的语义辖域都为 Иван, 但句法辖域空缺。

语气词作为一种虚词，不具有客观指称意义和概念意义，其用法意义对词汇语义的界定发挥至关重要的作用。在对俄语语气词进行语义分析时，会经常遇到语义辖域和句法辖域非同构产生的句子歧义现象。本文通过分析语气词语义辖域和句法辖域非同构关系，解释同形异义句和句子歧义现象。

3. 词汇单位语义辖域和句法辖域非同构

3.1 零位句法辖域

零位句法辖域现象是指词汇单位在语义结构中存在对应语义辖域，但在句法结构中无法找到对应句法辖域。例如，(4) Иван знает только русский язык 存在两种语义阐释方式，两种阐释模式下，句子重音不同。当句子重音落在руский 之上，该句中 только 分离出的对象为 русский，该句语义阐释为，“из множества языков (что можно знать и что релевантно в данной ситуации) Иван знает только русский язык”，分离所发生的集合是语言集。当句子重音落在 язык 之上，语气词 только 分离出的对象为 русский язык，该句语义阐释为：Из всего (что можно знать и что релевантно в данной ситуации) Иван знает только русский язык。在两种情况下，表达出“集合”的语义配价 R 在句子中都没有对应表达，该配价对应句法辖域为空集。

同样的现象也发生在句 (5)Федору понравился только итальянский фильм 之中。该句也会产生两种不同语义。句子重音落在形容词 итальянский 上：句子语义为 : (a)единственный, фильм, который понравился Фёдору, —это итальянский。句子重音落在 итальянский фильм，句子语义为：(b)единственное, что понравилось Фёдору, —это итальянский фильм。两种意义的差别的根本原因在于，分离出的成分 Q 并不相同：在（a）中为 итальянский, 而在（b）中为 итальянский фильм。两者意义的差别在于集合不同，在例（a）中分离出“意大利电影”的集合是“所有电影”；而在例（b）中的集合是指费奥多尔可能会喜欢的所有事物。两种语义模式下，配价 R 句法辖域都为空集。

俄罗斯语言学界对语气词 даже 的 3 价语义结构普遍认可。语气词 даже 为 3 价，基本语义可以阐释为：Даже（P, Q, R）=a. ‘Q обладает свойством P’（Q 具有属性 P）；b. ‘во множестве R существует объект Q’ , отличный от Q, Q’ обладает свойством P’（在集合 R 中存在不同于 Q 的客体 Q’，Q’ 具有属性 P）；c. ‘можно было с большим основанием ожидать того, что Q’ будет обладать свойством P, чем того, что им будет обладать Q’（预计 Q 比 Q’ 更不可能拥有属性 P）；d. Можно было ожидать, что Q не обладает свойством P（说话人以为 Q 不具有属性 P)。

在进行语气词 даже 语义结构分析时，会出现 даже 语义结构中配价 P 和配价 Q 句法辖域为空集的情形。如 (6) Тихо вокруг. Даже птицы не поют，该句中 даже 配价 R 的语义辖域是一个“情景集合”，与集合“鸟儿不鸣叫”同类，存在“не шумели деревья”、“никто не разговаривает”、“не слышно шума моторов”等情景，在该情景下，даже 配价中，“集合”配价 R 的句法辖域为空集。

3.2 内部辖域

通常，语义辖域内词汇单位保留完整词汇语义，这为词汇单位的外部辖域。当语义辖域内只包括词汇单位部分语义时，发生词汇单位的内部辖域现象。否定语气词 не 辖域内最易发生内部辖域现象，试比较：(7) На лекции по философии Коля опаздывал минут на десять；(8) На лекции по философии Коля не опаздывал。在例（8）中，否定语义仅仅作用到动词的词汇语义，而动词语法意义没有参与到否定辖域之内。(7) ≈ ‘всегда’ + ‘опаздывал’；8) ≈ ‘всегда’ + ‘не опаздывал’；(8) ≠ ‘не всегда’ + ‘не опаздывал’。

上文中谈到弗雷格（组合原则）时，以语气词 только 为例说明同一个语气词参与到同一个句法结构中表达出完全不同的句子语义，例证为前文的例 (1) 和 (2)。例（1）中表达出说话人只需要受话人给予一个口头承诺即可，不要其他形式的担保；例（2）中说话人要求可靠的担保形式，仅凭口头承诺是不行的。两个句子结构一致，但传递意义相左，其根本原因在于 только 的辖域不同。在例（2）中，动词 удовлетвориться 完全处于 только 辖域之内，语义结构为“он удовлетворится надежными гарантиями, и ничем другим он не удовлетворится”。例（1）语义结构可以转换为：Он удовлетворится, если будут даны только обещания。转换句子形式后，только 位置发生改变，进而导致 только 辖域发生变化，动词 удовлетвориться 和语气词 только 作用方式产生变化。动词 удовлетвориться 的语义部分处于 только 辖域内，“Он удовлетворится только обещаниями” = “он сочтет, что если будут иметься только обещания, то он (все равно) сможет добиться своей цели” = “он сочтет, что если будут иметься обещания и кроме них ничего иметься не будет, то он (все равно) сможет добиться своей цели”。удовлетвориться 无法以动词完整意义填充 только 辖域，только 辖域内为动词 удовлетвориться 的部分意义成分“будет иметься”，在例（1）语境下，语气词 только 发生内部辖域现象。

可见，语气词 только 与动词 удовлетвориться 之间存在两种相互作用方式。当 только 与 удовлетвориться 完整意义发生关联，语气词 только 为外部辖域；当 только 只与动词 удовлетвориться 部分释义相互作用，语气词 только 为内部辖域。换言之，外部辖域是词汇单位分子间相互作用的结果，内部辖域为词汇单位分子内部相互作用的产物。

3.3 句法结构填充语义辖域

在 例（9）Он не сможет кончить работу даже за месяц 中，даже 配价结构为：a. “среди возможных отрезков времени［R］, которые имеет смыл рассматривать в данной ситуации, отрезок［Q］, равный месяцу, оценивается как большой”（在该情境下有必要进行分析的几个时间段［R］之内，时间段［Q］等于一个月，并被判断为很长的一个时间）；b. “можно было ожидать, что он сможет кончить работу за месяц”（可能期待他在一个月之内完成工作）；c. “в действительности, он не сможет［P］этого сделать”（事实上，他不能完成该项工作）。转换例（9）为同义句：(10) Ему не кончить работу даже за месяц = он не сможет кончить работу за месяц。两个句子意义相同，配价结构均为 3 价。但在句子（10）中，配价 P 中“сможет”的意义找不到相应的词语载体，而是通过句式结构进行表达。句式结构包括无人称动词，动词完成体不定式，句子主体为三格，动词否定形式等方面。这些因素共同作用下的句式结构表达“сможет”的情态意义。

句（9）中配价 P（сможет）的语义是以词汇形式表达，同义句（10）中“сможет”语义没有词汇载体，该语义载体为动词不定式一情态句法结构。

3.4 交际单位语义填充语义辖域

“语气词 не 在非对别性（中性）语境中和对别性语境中的表现没有任何相似之处，除了其自身所包含的意义‘неверно, что’。”[①] 博古斯拉夫斯基将语气词 не 在语境交际类型为非对别性（中性）的句子中 $не_1$ 和语境交际为对别性的句子中 $не_2$ 的表现之间的差异分为 4 大类：交际差异、语义差异、句法差异和搭配差异。博古斯拉夫斯基明确指出：“找到否定语气词 не 的辖域是解决两种不同类型句子差别的根源所在。”[②] 语气词 не 在 $не_1$（非对别性语境）和 $не_2$（对别性语境）中的首要差别就表现在：两种语境中否定语气词 не 与句子的实际切分之间关系截然不同。若将句子改变为“то, что X, есть Y”的形式后，会发现：“处于非对别性（中性）语境中的语气词 $не_1$ 的辖域不是处于句子述位之

① Богуславский И. М. Сфера действия лексических единиц, М.: Школа «Языки русской культуры», 1996. С. 114.

② 同上书，С. 119.

中，就是处于主位之中，而对别性语境下的 не$_2$ 的语义辖域是句子实际切分中连接主位和述位的谓词。”① 换言之，在两种语境下 не 意义都为“неверно, что”，但是所辖句子成分不同。在非对别性语境下，не 所辖句子交际结构中的主位或述位，而在对别性语境中，否定语气词 не 所辖句子交际结构中实际切分的谓词。

对比两句：(11) Коля не$_1$ спит <бодрствует>；(12) Коля не$_2$ спит* <бодрствует>, а пишет письмо。两句的实际切分为：(11) то, что Коля делает, есть не спит；(12) то, что Коля делает, не есть спит。显然，两者差别在于 не 的辖域不同。не$_1$ 的辖域是句子的述位，не$_2$ 作用的是语句的交际结构的谓词。例（11）中的 не спит 可以被 бодрствует 替换，而在例（12）中就无法进行替换。在句子 (11) 中，не$_1$ 的辖域是句子的述位，这与词语 бодрствовать 词语内部否定的辖域是一致的。而在例（12）中无法发生同义词替换，因在其语义结构中，否定语气词 не 作用的是实际切分的谓词，否定成分与 спит 不直接发生联系。

4. 结语

语气词是一种不变化的虚词，维诺格拉多夫（В. В. Виноградов）指出：“语气词一般没有完全独立的词汇意义或物质意义，而主要是给其他词，词组、句子的意义增加补充色彩或用于表达出各种语法关系。”② 语气词词汇意义的确定不仅依靠词典释义，更需要明确其在句中所处的关系网络。博古斯拉夫斯基运用“词

---

① Богуславский И. М. Сфера действия лексических единиц, М.: Школа «Языки русской культуры», 1996. С. 114.

② Виноградов В. В. Русский язык (Грамматическое учение о слове), М.: Высш. шк., 1986. С. 544.

汇单位的辖域”理论，通过词汇单位之间的“关系”研究语气词的语义，能够有效解决语气词语义研究中大量存在的非常规语言现象。上述分析表明，在对句子意义进行剖析时，词汇单位的语义辖域内容不仅限于单独的词汇语义，还包括词汇单位的语法意义、交际结构、句法结构等。博古斯拉夫斯基指出：“词汇单位的配价填充不仅可以通过词形语义来完成，也可通过任何一个表义语言单位来填充。”[①]

---

① Богуславский И. М. Сфера действия лексических единиц, М.: Школа «Языки русской культуры», 1996. С. 90.

语言概念化和时间图景的历史性问题分析

徐先玉

1. 引言

无论是结构主义、语符学、转换生成语法，还是实证主义、分析哲学都一味地诉诸形式层面的描写，造成元语言系统过于庞杂和冗余。

滥觞于索绪尔的结构主义语言学仅仅对语言系统本身感兴趣，注重对语言内部结构进行描写和分析，认为语词的意义只能通过与系统内其他语词的关系来确定，而时间维度属于语言外部因素，对语言结构和语言系统无直接影响，所以被排除在外。如此一来，该意义系统就成为一个自足的封闭系统，从而丧失历史性。

作为科学主义思潮发端的实证主义哲学家拒斥“形而上学”，然而却把作为主体的人与作为对象（客体）的世界严格区分开来，并且试图把自然科学的论证方法推及人文科学研究领域，过分地追求知识的“可靠性”“确切性”“规范性”“客观性”和“科学性”，而要达到这一目的，也必须摒弃时间。后来分析哲学渐呈显学之势，但其根基仍是为确证真理寻找科学范式，其前期注意力也在于语言的客观描写，不与时间、模态、可能性等发生关系，而后期的语言分析也愈来愈抽象化和思辨化，忽视时间，将时间边缘化甚至消解掉。

这种脱离时间因素的研究观点已遭诟病。皮德敏反思德国哲学家狄尔泰的历史理性批判，认为“语言的时间维度与人的历史性密切联系，后者是前者的符号化结果”[①]；徐海铭强调“语言具有自己的历史和历史性”“语言是人性的一部分”，提出语义研究的人文策略，呼吁“要研究语言和意义，必须回到生活世界和人本身”[②]。本文从海德格尔“此在”的时间诠释学切入，尝试对语言概念化的历史性作进一步阐述，并以时间图景的历史生成为例辅以佐证，从而将“时间概念化”纳入“人－语言－世界”三位一体的框架之内。

2. 海德格尔“此在 (Dasein)”的时间诠释学

海德格尔将时间与存在统一起来。在其发轫之作《存在与时间》中，他从“此在”的基础分析入手，导向对存在与时间关系的探究。之所以提出“此在 (Dasein)”，是因为“存在总是某种存在者的存在”，Dasein 一词由 da 和 Sein 合成，其中 da 表示某个确定的时间、地点和状态，所以“此在”总是与时间和空间以及世界紧密相连，“此在生存”就叫在世。“此在”是时间性的。何为时间性？“我们把如此这般作为曾存在着的有所当前化的将来而统一起来的现象称作时间性。”[③] 时间性是一个动态的、统一的三维立体结构，是“此在”的显现方式，是趋向于将来、实现可能性的活动过程。“此在”使其存在得以时间化，从而构成时间。随“此在”的展开所演历的事件是“在时间中”的演历，正是“此

① 皮德敏：《历史理性批判与语言的时间维度》，《外语学刊》2008 年第 6 期。
② 徐海铭：《回到生活世界：一种探索语义的人文策略》，《外语学刊》2009年第3期。
③ [德]海德格尔：《存在与时间》，陈嘉映、王庆节译，生活·读书·新知三联书店 2000 年版。

在”的时间性使历史性成为可能。

“此在”总是与他者共在，“此在”总是依寓“在一世界中一存在”而存在，即依寓世界而存在。世界本身就是“此在”的建构要素，对世界的认识是在世的首要样式。作为认识主体，每个人都只能生活在当下的此时此刻中。“现在”与“过去”并非彼此疏离，“过去”构成“在世”过程中具体真实的背景。“当下”似乎并不存在，但是只有在“当下”人才能和现实直接发生联系，也只有在“当下”，人才能存在于这个世界上，人才能“在世”生存，这就是“此在”的意义。于是，人、时间和存在三者密不可分，正如阿鲁玖诺娃 (Н. Д. Арутюнова) 所言：“时间因素在人的模式构建中起着重要作用，反之，人的因素在时间模式的构建中也起着重要作用。”①

自然界的万事万物是永久自在生化的，人之所以为人，原因就在于人是一种自我生成的命运，人是一种时间性的存在。人的时间性，或者说历史性，即是人的存在方式。人对世界的认知是一个渗透着各种主体因素的能动过程，在此过程中，人不断调整、改变和解释人与世界、人与他者之间的关系。正是由于人的存在，世界才具有意义，而人也是世界构成的一部分。“此在”寓于世界之中，世界又通过“此在”得以显现。“此在”在语言中被道出，语言让“此在”显露出来。正如伽达默尔所言：“世界之所以成为‘世界’，只是由于它进入到语言之中。”②时间维度贯穿于整个世界，但它只有在与人发生关系后才变得有意义，只有进入到语言之中才成为“时间”。克莱德林（Г. Е. Крейдлин）

① Арутюнова Н. Д. Время: Модели и Метафоры. Арутюнова Н. Д., Янко Т. Е.(Отв. ред) Логический анализ языка. Язык и время. М., Индрик, 1997. С. 51-61.

② Gadamer Hans-Georg. *Truth and method.* translated by Joel Weinsheimer and Donald G. Marshall., London: Continuum International Publishing Group, 2004.

赞同俄罗斯哲学家布尔加科夫的观点："时间不是空洞的形式，也不仅仅是感知的形式，时间在人身上获得意义，人是时间的最早度量者。"[①]

存在具有历史性，而"语言是存在之家"，"此在"通过语言显现出来。语言是人的创造物，也是人的构成部分和历史的生成。因此，探究时间的意义就必须回到语言之中，回到生活世界之中，回到人自身上来。

3. 语言概念化的历史性

自 20 世纪初哲学发生语言转向以来，语义的研究中心已悄然由语词转向语句，其研究对象不再是现实世界，而是对世界的概念化。维日彼茨卡指出："概念化正是语言学中的首要研究对象……语言仅仅间接反映世界。语言直接反映的是我们对世界的概念化。"[②] 人对世界的概念化过程就是人认识自身、认识他者、认知世界和阐释世界的过程，这是个体认知行为与集体认知行为相互作用的过程。也就是说，概念化不仅展现出主客体的相互作用，而且还离不开认知主体间的交互作用，因为概念化需要通过言语不断完善和发展，具有动态性。另外，必须考虑世界建构过程中人的因素。

人类面对的本是同一个客观的现象世界，这个混沌的现象世界通过语言得以区分和固定下来。语言一经出现，即成为我们周

---

① Крейдлин Г. Е. Время сквозь призму временных предлогов, Арутюнова Н. Д., Янко Т. Е.(Отв. ред) Логический анализ языка. Язык и время. М., Индрик, 1997. С. 139-151.

② Wierzbicka A. Lingua mentalis: The semantics of natural language, Sydney - New York: Academic press, 1980.

围可感知世界的一部分。严格说来，纯粹的客观外在世界早已不复存在，每个人一出生就面对一个概念化的外在世界，这就是人的生活世界。本体世界不论怎样扩大，都“既不会大于也不会小于人的生活世界”[①]。“语言是我们创造我们所生活的这个世界的主要途径。”[②] 语言并不是现存实在的简单摹本，并非镜像般地反映客观现实，语言建构世界。洪堡特早就明确指出语言的建构作用，他说：“语言对人的主要影响施及他的思维力量，施及他在思维过程中进行创造的力量，因此，在更深刻的意义上，语言的作用是内在的和构建性的。”[③] 卡西尔也指出：“一切都生活在特殊的影像世界之中，这些影像的世界并非单纯地反映经验给定之物，而是按照各自独立的原则造出给定之物”，后来又再次强调，“所有的语言表达形式都不是给定的感觉和直观世界的单纯摹本，它们具有确定的‘指义化（意谓）’的独立性质”[④]。语言外现实是人们用以解释、描述和表达的世界以及人与世界之间的关系。束定芳指出：“概念化的世界是一个已经经过人类认知过程折射的世界，或者说是一个‘人化’的世界，它与真实世界之间存在差异，这两个世界之间没有直接的对应关系。”[⑤] 换句话说，概念化的语言世界与客观的外在世界并不直接对应，语言世界透过其棱镜折射出人类的经验，是人类对世界的感知、体验和经验的整体概括，是人在认识外在现实世界过程中的概念化和范畴化结果，并且该结果会潜在地影响人对世界的进一步认识。经验不是

① 李洪儒：《西方语言哲学批判——语言哲学系列探索之七》，《外语学刊》2008年第6期。

② [英]韩礼德：《关于语言的一些观点》，《选自韩礼德语言学文集》，周小康等编译，湖南教育出版社2006年版。

③ [德]洪堡特：《论人类语言结构的差异及其对人类精神发展的影响》，姚小平译，商务印书馆1997年版。

④ [德]卡西尔：《语言与神话》，于晓等译，生活·读书·新知三联书店1988年版。

⑤ 束定芳：《认知语义学》，上海外语教育出版社2008年版。

个人的经验，而是个人与他人互动获得的经验，是人类共同体世代积累下来的经验。经验不断地被重复、被整理、被定位、被重建，被归于不同的时间片段。语言不是现成的东西，而是连续的过程。可见，人类借助语言对世界进行的概念化是一个不断叠加的历史生成现象，具有历史继承性。语言概念化反映出人对世界的认识特性，体现出人类不断发展的思维过程。这个思维过程为我们构成“实在”，这个“实在”既是一又是多。我们不禁想到，莱布尼茨把知觉定义为“自身在单一性或单一实体中包含和体现着众多性的暂时状态”①，即“在一中表现多”。由此看出，通过研究语言的概念化，我们就可以挖掘出隐藏在语言表达形式背后的现实，而该现实是借助于语言来建构的。普里高津和史坦基指出：“无论我们把什么叫作现实，这个现实只有在我们自己所参与的积极建构中才向我们展示它自己。”②

概念源于存在，是认知主体感知、参与、体验和实践的结果。概念通过人类经验的重复以及个别的感知而提取出来。卡西尔认为：“语言概念的最初功能并不在于比较经验与选择若干共同属性；它们的最初功能是要凝结这些经验。这种凝集的方式总是取决于主体旨趣的方向，而且更多的是为观察经验时的合目的性的视角，而不是由经验的内容所制约。”③每一种语言都以自己的方式切分世界，存储和传承经验，都有其独特的概念化方式。

语言不断进化发展，一方面对人类的经验进行概念化，使之转化为意义，同时这种概念化也为语言自身的生成建构秩序，从而创造出一个具有空间性的语言世界，概念化过程因此得以穿越

① [德]莱布尼茨：《神义论》，朱雁冰译，生活·读书·新知三联书店2007年版。
② Prigogine I.& Stengers I., Order Out of Chaos, New York: Bantam Books,1984.
③ [德]卡西尔：《语言与神话》，于晓等译，生活·读书·新知三联书店1988年版。

时间而展开。笛卡尔在其《方法论》中宣称：给我延展和运动，我就能构造宇宙，这里延展指形状，即空间，而运动和时间又密不可分。简言之，只要拥有时间和空间，就可以创造世界。可以说这一设想在语言中实现了，语言借助于时间构建出具有空间性的语言世界，这是一个观念和意义的世界。研究语言概念化必须在历史境域中进行。

4. 时间图景的历史性

时间是不同民族世界观和宇宙观的一个最基本的范畴。时间图景是世界图景的重要组成部分。盖坚科 (П. П. Гайденко) 认为："时间观念是人关于世界整体观念不可分割的部分。它随着历史的发展而发展，在其周围伴生出一系列的概念、形象，成为时代及时代文化最重要的成分。历史条件不同，时间观念不同，对时间延续性的感受也不同。对于时间，每种文化都有其独特的感受、思考和感知方式。"①

语言中的时间图景不像科学时间图景那样完整和系统化，它是无序的、马赛克式的、支离破碎的、不完整的，有时甚至是矛盾的，并且被赋予强烈的民族特性。时间图景是多层次的，既包括神话中的宇宙，也包括科学模型和日常生活常识。对于一般人而言，这些层面构成一种异质混合物，作为某种统一体发挥作用。人类不仅意识到时间、测量时间，而且还评价时间。时间图景的生成与人的认知能力、认知取向、认知方式及精神活动密不可分，它同样也是一个历史的生成。如同其他各种外部世界的概

① Гайденко П. П. Тема судьбы и представление о времени в древнегреческом мировозрении, Вопросы филомофии, 1969. № 9. С. 88-98.

念化现象一样，时间也寓于语言之中。人对时间的认知在语言中留下其印迹，在语言里我们可以找到一个民族关于时间的全部经验、认识、看法和评价，此外语言也在不断地试图冲破时间“牢笼”的束缚。

考察远古初民的时间观，我们发现人类对时间的认识大体一致。这是因为当时人类所处的生活世界趋同。在人类思维发展的初期阶段，对于时间的认识与人类的生产活动实践和人类日常生活中观察到的自然现象直接相关。在自然界，太阳东升西落，昼夜不断交替，四时永恒运转，似乎显示出某种无始无终、周而复始的特征。人们由此感知到时间的存在，认定时间的运动是循环不已，定期重复的圆周，是同一个周期的不断上演。这种循环时间观是一种普适的时间观。从词源上看，俄语的 время 来源于前斯拉夫语“vermę”，该语词与“vbṛtěti”（转动）有关，可见斯拉夫民族的先民也将时间理解为一种与圆周运动有关的东西。在原始或神化的意识中，时间概念并非以抽象的形式存在，那时人们的思维是具体的、感性的，与事物直接相关。

俄罗斯“万物有时 (Всему своё время)”的观念由来已久，这种观念也深深刻上历史性的印记，并且随着对时间认识的深入，发生相应的变化。起初，“万物有时”的“时”仅仅指“正确的时间”。在传统的斯拉夫民族文化中，时间被赋予肯定评价或否定评价。时间是好的（如 Время—лучший лекар），也是坏的（如 Бег времени）；时间是光明正大的，也是邪恶的；是危险的，也是令人愉快的。选择“正确的”时间是任何一种活动获得成功的必要条件。播种、放牧、盖房等都需要择时而行。在神话思维中，时间不是空洞和纯粹的形式，而是统治万物的神秘力量。时间调整世界的秩序，控制、操纵人的行为和活动，是人类所有实践活动和礼仪活动的重要校正器，是施展魔力的工具。时间同宇宙秩序的密切联系是把时间作为见证者、揭露者、评判者等观念的基础。时间能够检验一切（如 Время покажет），时间甚至可以揭示或检验真理。

10 世纪罗斯接受基督教以后，线性时间观逐渐深入人心。在基督教的历史中，时间是单向的、线性的、不可逆的、有始有终的，从上帝创世时的时间点开始，一直指向时间终极的末日审判。倘若世界和时间是循环轮回的，创世、原罪、拯救这些观念就将不再有真正的意义。于是，时间中不再有永恒。真正的永恒不朽只有在彼岸的天堂。自接受基督教以后，“万物有时”的“时”发生变化，意为“时限”，表示凡事都有自己的规定时间，不能早，也不能晚。“时间—时机”不是人类可以控制的，人只能顺应时间，一方面需要耐心，需要等待，例如：Час минёшь, век живёшь。（忍一时之气，解百日之忧。）另一方面又需要抓紧，不要让它错过，如：Час упустишь, годом не наверстаешь。（错过一时，失去一年。）

斯拉夫民族对时间的感知往往与反复无常、变幻莫测的命运联系起来，认为命运就是落在人身上的时机，这似乎和海德格尔的“到时”有异曲同工之妙。时间概念还与幸福和不幸福的认识紧密关联，время 是“幸福、顺利、如意、走运的时候”，безвременье 表示天灾人祸的时期、社会萧条的时期、文化停滞的时期，不走运的时候。例如：Доля во времени живёт, бездолье в безвремянье; Время красит, безвременье старит。（时来人生辉，运去人憔悴。）

总体上说，俄罗斯民族对待时间的态度是 выжидать（等待）—терпеть（忍耐）—надеяться（期待）—смириться（顺从）—

судьба（命运），其中消极情感因素在理性意志因素之上。俄罗斯人的民族性格趋向顺应环境、屈服于环境、等待、寄希望于时机与偶然（случай）。

值得一提的是，自工业革命以后，人类发明了愈来愈精准的计时器具，人类开始企图控制和支配时间，甚至赶超时间。人类不断追求主宰自然，掌控命运。这在许多语言表达式中可窥见一斑，如：Гнаться за временем（追赶时间），обогнать свое время（超越时间），не отставать от времени（不落后于时间），шагать в ногу со временем（与时俱进），等等。因此，对时间在语言世界图景中的地位的考察也必须放置在历史境域中进行，只有这样才可以解释时间图景的历史生成。

5. 结语

人之所以为人，就在于人有语言。语言是人的构成部分，语言活动是人类实践活动的一部分，也是一个历史的生成，具有历史性。意义和概念化都离不开时间因素和人的因素。时间概念化问题探究的不是本体论的时间，而是观察和呈现时间以及人与时间关系的方式。时间概念化具有人文性、历史性和民族性的特征，这是一个动态变化的创造性过程。

语言哲学的终极目标就是要通过语言来解答人本身的问题，解释人的本性、人与世界、人与人的关系问题。

语音、翻译研究及词典编纂

陈洁

引言

语音对语言结构和语义的制约问题，已经成为语言学界新的关注焦点之一。从语音角度考察语言，有助于揭示语义、语用、认知等领域无法诠释的某些语言现象，也是进行正确翻译的条件之一。翻译研究不仅要探讨言语现象的传译，还要考察语言现象的迻译，后者的研究成果对词典编纂，尤其是语言性质的词典编纂，具有重要的指导意义。本文仅从语音角度研讨俄英汉互译及词典编纂问题。从语音着眼应该注意下列问题。

1. 四声非降

汉语为声调型语言，善用四声的变化区分意义，所谓“四声别义”。且讲求四声的节律组配。汉语联合式（并列式）双音节词调序规律，是按照古今声调的“四声八调”顺序排列。所谓“四声八调”，即按照“阴平、阳平、阴上、阳上、阴去、阳去、阴入、阳入”的顺序。如：

平上：身体、山水、齐楚；平去：形状、街道、秦晋；平入：松柏、闽粤、琴瑟；

上去：锦绣；上入：解释、笼络、赌博；去入：树木、进出；

阴平阳平：安全、搀扶；

阴上阳上：首脑、感动（阳上现在读第四声——去声）；阴去阳去：次序、志愿；

阴入阳入：触摸、角落、出入

合乎“四声八调”排列顺序的词高达80%，甚至更高。[①] 笔者认为，目前普通话联合式双音节词的排序规律是“四声非降”。“四声非降”主要适用于解释普通话中的联合式双音节词。古汉语的四声是“平、上、去、入”，入声在普通话中不复存在，古代入声字，到元代《中原音韵》中，派入阴平、阳平、上声和去声。这种分派呈现出很强的规律性：全浊声母字变阳平，次浊声母字变去声（占入声字的多数），清声母字变上声（属于少数入声字），一部分入声字变为阴平。[②] 古汉语大部分入声（第四声）字仍为普通话中的第四声字。古汉语另外三种声调与普通话四声的对应关系是，声母为清音的古平声字变阴平，声母为浊音的古平声字变阳平；除全浊声母以外的（含声母为清音的）古上声字仍为上声，全浊古上声字变去声；古去声字仍为去声。[③] 可见，除少数入声（第四声）字以外，古汉语“平、上、去”三种声调，是按照声调非降的次序演化为普通话中的四声。如古上声（第二声）字变为普通话中的上声（第三声）或去声（第四声）字，而非第一、二声字。普通话中只有平声分阴调和阳调，区分出相应的阴平（第一声）和阳平（第二声）两种声调；普通话中的上声（第三声）和去声（第四声）不再划分阴调和阳调。有鉴于此，诠释普通话中的联合式双音节词的排序规律，可用“四声非降”取代

① 潘文国：《汉英语对比纲要》，北京语言大学出版社2004年版，第278—279页。
② 何立：《百科词典》，学苑出版社2001年版，第400—401页。
③ 吕桐春：《语文基础知识辞典》，吉林文史出版社1997年版，第16页。

“四声八调”。

邢福义先生指出，现代汉语双音节词读音异化的两种情形：两个上声相连，前一个音节异化为阳平，如小组（2-3[①]，“小”字由第三声变为第二声），领导（2-3，“领”字由第三声变为第二声）；两个去声相接，前一个音节异化为半去声，如教育、动画。[②] 王士元等也通过大量语音实验证实，两个第三声组成的词或词组连读，第一个第三声已经与第二声无法区分，即与第二声无音位上的区别。如彩礼与财礼。前者为两个第三声连读，后者乃第二声与第三声连读，但两者实际读音无法分辨。[③] 由于读音异化未涉及第一、二声连用情形，因此，我们保守一点讲，或更有把握地说，现代汉语双音节联合式合成词，大部分按照“四声非降”顺序排序，即后一个字的声调通常高于或同于前一个字的声调（本节所举例证，表示汉语四声读音相应的阿拉伯数字，代表后面一个字的声调读音数字大于或等于前面一个字的声调读音数字）。

为什么遵循“四声非降”的次序排列？这取决于发音生理由简单到复杂的规律。人们说话的时候，有一种本能的要求，在不影响表达思想的前提下，发音尽可能省力一点。顺着四声的次序发音就省力一些；反之，就费力。如：

1-2：输赢（但“胜负”语义由重及轻、由肯定到否定、由积极到消极）、安全；

1-3：瓜果、花鸟、川陕；

1-4：科技、衣帽、花木；

2-3：桃李、牛马、迟早；

---

① 本文例证中用阿拉伯数字1、2、3、4分别表示汉语相应的第一至第四声调，下同。

② 邢福义：《现代汉语》，高等教育出版社2006年版，第90页。

③ 吴洁敏、朱宏达：《汉语节律学》，语文出版社2007年版，第320页。

2-4：禽兽、墙壁、云贵；

3-4：酒饭、草木、楚汉、姊弟；

1-1：收发；

4-4：饭菜。

违反四声非降原则的双音节联合式合成词，除受语义、语用等原则制约外，大多属于由佛经梵语词汇进入汉语的外来词：睡眠（4-2）、供养（4-3），专有名词和某些音译词。

汉语中有许多双音节联合式对举词，它们的组配虽然不符合语义原则，但可以用四声非降原则予以诠释。如：输赢，是第一声（阴平）与第二声（阳平）的组合。但其同义词“胜负”“胜败”，是依照心理上“由重及轻”原则（先肯定后否定，先积极因素后消极因素）依次组合。《新世纪汉英大辞典》（2003）将“输赢”“胜负”“胜败”这三个词的第一释义均翻译为：victory or defeat, 这是应该予以肯定的。“雌雄”，该辞典第一释义为 male and female, 第二释义为 victory and defeat。对汉语这类联合式双音节对举词，在纯语言性质的辞典编纂中可否采用 or（или）或 and (и) 连接的两种翻译方法，即“输赢”“胜负”“胜败”，皆翻译为：victory or defeat，victory and defeat, 俄语翻译为 победа или поражение, победа и поражение? 但应该注意遵循外文的习惯表达方式。如用作副词的“早晚”（心理上由重及轻排序）和“迟早”（2+3，四声非降），在英语和俄语中一般分别只能翻译为 sooner or later, рано или поздно。

2. 平起仄收

汉语“四字格”一般前后两个音节各组成一个音步，形成

2+2 格式；第二个音节多为平声字，第四个音节多是仄声字，即朗读时第二个字后稍有停延，用第四个字煞尾。据崔希亮先生[①]随机抽样 400 例联合式四字格统计，其读音平仄分布结果如下。

A 平平平平	2 例	I 仄仄仄仄	16 例
B 平平平仄	17 例	J 仄仄仄平	18 例
C 平平仄仄	178 例	K 仄仄平平	27 例
D 平仄仄仄	0 例	L 仄平平平	2 例
E 平仄平仄	8 例	M 仄平仄仄	77 例
F 平仄平平	13 例	N 仄平平仄	10 例
G 平仄仄平	2 例	O 仄仄平仄	7 例
H 平平仄平	8 例	P 仄平仄平	5 例

可见，最多的是“平平仄仄”式（178 例），其次是“仄平仄仄”式（77 例）。表格中第二个字为平声字、第四个字系仄声字的占 282 例，即 B17+C178+M77+N10 之和。上文表格中共有 390 例平仄分布统计，按此数字统计，符合“平起仄收”的联合式四字格占 72.3%。

有些四字格的声调，词典中虽然为仄仄平平（400 例中有 27 例，见表格中 K），但它们大多可变为平平仄仄的说法。如断壁残垣—残垣断壁，匹马单枪—单枪匹马，表现为平平仄仄的后者更为常见。[②]联合式四字格一般为两者（残兵败将）和四者（妖魔鬼怪）并列。

为求“平起仄收”，有的四字格，如“山清（平声）水秀（仄声）”，不惜违反语义组合的逻辑事理，该成语的实际含义是“山秀水清”，因此，在英语和俄语中可分别译作：green hills and

① 崔希亮：《语言理解与认知》，北京语言大学出版社 2004 年版，第 82 页。
② 同上书，第 84 页。

clear waters, красивые горы и прозрачная вода。在非联合式的四字格中，据崔希亮对560例抽样统计，“平起仄收”式也占多数。[①]这说明“平起仄收”是汉语四字格的声调组合规律。之所以如此，是因为“平声的调型是平或升的，而仄声的调型是降的。无论是词、词组还是句子，以仄声结束比以平声结束方便得多”[②]。这与汉语朗读时的先升后降、前轻后重的节律特征吻合。[③]

3. 成双配对

该原则适于诠释汉语双音节词、“四字格”及某些六音节词语等，汉语“四字格”构成成分之间含有联合、修饰、动宾、动补等意义关系，其音步组合规律是2+2，即前后两个音节各为一个音步，成双配对。古汉语为避免单音字造成的歧义现象，自汉代以来逐步开始了双音节化为主的进程，“到清代终于基本上完成了取代单字词为主的词汇状貌的历史进程”。[④]汉语早期启蒙识字课本均是四字一句，如《千字文》《百家姓》等。“汉语80%左右的词是双音节词”。[⑤]“普通话的常用词里，双音节词大约占70%以上。”[⑥]吕叔湘先生指出：“在现代汉语的语句中，双音节是占优势的基本语音段落。正如周有光先生所说：‘把单音节的补充成双音节，把超过两个音节的缩减为双音节……双音节化是现代汉语的主要节奏倾向。’”[⑦]这“主要是因为，现代汉语单音节词

---

① 崔希亮：《语言理解与认知》，北京语言大学出版社2004年版，第85页。
② 同上书，第69页。
③ 同上书，第88页。
④ 周荐：《汉语词汇结构论》，上海辞书出版社2005年版，第189页。
⑤ 石毓智：《论汉语的构词法与句法之关系》，《汉语学报》2004年第1期。
⑥ 孙德金：《对外汉语语音及语音教学研究》，商务印书馆2006年版，第144页。
⑦ 吕叔湘：《现代汉语单双音节问题初探》，《中国语文》1963年第1期。

多半不能单说，总要通过种种方式扩充为双音节的，才能自由活动。其次，汉语里单音节的同音词很多，从听觉上说，双音词有助于分辨词义，把同音词区别开来…… 从修辞方面说，双音节词比多音节词精练、音节匀整，便于组成四言词组，因此多音节往往减缩为双音节”。（吕叔湘，转引[①]）如打扫街道、扫街，但“打扫街”不成立。同理，“两只眼睛”“两眼”或“双眼”成立，但“两眼睛”不可用。从韵律语法角度讲，双音节词可形成汉语最小的、最基本的标准音步。[②] 为求音步成双配对，不惜“画蛇添足”，把并列的三者拓展为（1+1）+2 结构：日月星辰，绸缎布匹，使最后一个字“辰”“匹”意义上虚化。又如为“成双配对”，违背语义搭配常理：硬木锉刀（锉硬木的刀），或“弃义存音”：一衣带水（语义组合为 1-2+1，音步组合为 2+2），甚至“削足适履”，并变换语序，将五音节、七音节词语分别变为四音节、六音节的词语：语言学会（含义是“语言学学会”，英语和俄语中可分别译为：linguistic society, научное общество по лингвистике）水产养殖技术（养殖水产的技术），环境保护组织（保护环境的组织）。

4. 停延

“停延”是说话或朗读时语流中声音的中断和延连，主要有音长、音空等成素构成，它起到言语在语流中的分合作用。[③] 也有将其称为“停顿”的。停顿仅强调了语流中声音的中断或间歇，忽略了其延长和连接作用。停延有表意、表情和节律停延三种形

---

① 姚殿芳、潘兆明：《实用汉语修辞》，北京大学出版社2006年版，第76—77页。
② 冯胜利：《汉语韵律语法研究》，北京大学出版社 2009 年版，第 2—3 页。
③ 吴洁敏、朱宏达：《汉语节律学》，语文出版社 2007 年版，第 35 页。

式。它是语言结构关系的语音形式标志，又称“断连”[1]。句内不同停延，会造成不同的语段切分，形成不同的语句内容。翻译中需要格外注意句内表意停延，特别是无标点符号情形下的句内表意停延（下文用“/ ”表示停延之处）。这类停延可在主谓语之间，主要成分与次要成分之间，中心词与其修饰语之间及句子的同等成分之间，等等。比如：你们 / 四人一组。你们四人 / 一组。这两个停延别异的句子可分别翻译为：У вас четыре человека в одной группе。（或 У вас каждая группа по четыре человека。）Вы четверо в одной группе。又如：父亲看见儿子 / 笑了。父亲看见 / 儿子笑了。这两个句子可分别译为：Отец увидел сына и засмеялся。Отец видел, что сын смеялся。俄语同一个语句，停延不同也会造成意义差异。Ходить / долго он не мог。走路，当时他早就不行了。Ходить долго / он не мог。长时间走路，当时他不行。

5. 轻重音

汉语普通话中，相对于重音读得轻一些的音就是轻音或轻声。[2] 轻声音节的音量大约比正常重读音节减弱百分之六十。[3] 许多情况下，同一个汉语词读轻音或重音会形成不同的意义（下文汉语例证中粗斜体字表示带有重音，带下划线的字表示读轻音）。如：他干***得***好。Он поступил хорошо。他干得好。Он сможет поступать хорошо。前一个“得”带重音，表示程度，后一个“得”读轻音，表示可能性。再如：你去买*两* 个梨。Ты идёшь за двумя

---

① 邵敬敏：《现代汉语通论》，上海教育出版社 2009 年版，第 65 页。

② 张涤华、胡裕树等：《汉语语法修辞词典》，安徽教育出版社 1988 年版，第 321 页。

③ 曹剑芬：《连读变调与轻重对立》，见《现代语音研究与探索》，商务印书馆 2007 年版，第 199 页。

грушами。你去买**两**个梨。Ты идёшь за грушами。前一个“两”带重音，属于实指，后一个“两”读轻音，乃虚指。

应当指出，汉语中轻重音时常与停延交织使用，共同构成辨义手段。比如：他们 / **说**不来。Они не в ладу。(或 У них нет общего языка。) 他们说 / **不来**。Они сказали, что не придут。他没有做 / **不好** 的事情。Он не делал ничего недоброго。他没有 / **做**不好的事情。Нет дел, с которыми он не справился бы。

6. 结语

汉语为声调型语言，善用四声的变化区分意义，所谓“四声别义”。且讲求四声及音步的节律组配（四声非降、平起仄收、成双配对）。汉语中轻重音及停延均有辨义功能。在俄语和英语中，停延也具有辨义作用；停延还与语调并用区分语句意义。掌握语音的上述特点，是进行正确翻译的条件之一。在双语词典编写中，不可忽视上述语音因素对词句迻译的影响，切忌望文生义，要闻其声，辨其义，慎重下笔。

Проблемы изучения структуры русского слова в китайской аудитории①

Ван Синьи

В последние десятилетия при разработке методов преподавании русского языка как иностранного в центре внимания находится идея коммуникативной направленности обучения. При всей значимости и эффективности коммуникативного подхода обучение традиционной грамматике продолжает оставаться основой правильного порождения и восприятия речи на неродном языке. Усвоение грамматической системы иностранного языка имеет особое значение в ситуации взаимодействия таких типологически различных языков, какими являются китайский и русский языки. Преподавание русского языка носителям китайского языка имеет достаточно продолжительную историю, поэтому существует обширная учебная, учебно-методическая и научная литература, касающаяся различных аспектов преподавания русского языка китайским учащимся. Однако есть один весьма важный грамматический аспект, который оказался обойден вниманием, а между тем именно с этим аспектом связан ряд трудностей и серьезных ошибок в русской речи китайцев, причем ошибок, которые суще-

---

① 本文系2015年教育部人文社会科学重点研究基地重大项目《俄罗斯母语（俄语）教育调查报告》（15JJD740009）的阶段性成果。

ственно ухудшают как правильность порождаемых китайскими учащимися высказываний и фрагментов высказываний на русском языке, так и восприятие ими русской речи. Таким аспектом является знакомство со структурой русского слова, которая не только с фонетической, но и с грамматической точки зрения коренным образом отличается от правил оформления слова в китайском языке.

Ситуация осложняется тем фактом, что в настоящее время нет однозначного определения слова ни в китайском, ни в российском языкознании. По данным «Лингвистического энциклопедического словаря»[①] в истории науки было выдвинуто более 70 различных критериев определения слова, в основе которых лежали различные принципы—от простейших графических до достаточно сложных общесистемных. Однако все дискуссии, связанные с понятием *слово*, по преимуществу сосредоточены на проблемах выделения и тождества слова, а следовательно, не оказывают существенного влияния на вопросы, касающиеся структуры слова. Для этой цели оказывается достаточным определение слова, предложенное Ю. С. Масловым, который считал, что слово отличается от морфемы позиционной и синтаксической самостоятельностью[②].

В китаистике также существуют споры связанные с понятием ***слово***[③], однако они в основном связаны с разграничением

① ЛЭС— Лингвистический энциклопедический словарь. М. : Советская энциклопедия, 1990. С. 688.

② Маслов Ю. С. Введение в языкознание. М.: 2005, С. 95-96.

③ 孙常叙：《汉语词汇》，长春教育出版社 1956 年版，第 215 页。(Сунь Чансюй. Лексика китайского языка. Чаньчунь: Чаньчунь цзяоюй, 1956. С. 215.) 见邵敬敏：《现代汉语通论》，上海教育出版社 2001 年版，第 235 页。 (Шао Цзинминь. Теория современного китайского языка. Шанхай: Шанхай Цзяоюй, 2001. 235 с.).

понятий ***слово*** и ***иероглиф, слово*** и ***словосочетание***, в то время как для методики преподавания РКИ в китайской аудитории важны иные отличия в строении китайского и русского слова. К этим отличиям относятся в первую очередь морфологическая значимость слогоделения в китайском языке и отсутствие у китайских слов «внешних, морфологических признаков, по которым их можно было бы отнести к той или иной части речи»[1]. Важными отличительными чертами китайского слова от русского также являются преобладание в китайской словообразовательной системе словосложения и бедность формообразовательных средств—формообразование представлено глагольными видовыми аффиксами и аффиксами множественного числа у ограниченного круга слов. При этом аффиксация имеет агглютинативный характер, что очередной раз подчеркивает факультативность этого средства для изолирующего китайского языка.

Ситуация в русском языке принципиально иная: морфологическое строение русского слова является основой для его порождения, понимания и функционирования. Для большинства русских слов строение непосредственным образом связано с их частеречной принадлежностью. Неслучайно в русистике существует широкое и узкое понимание термина **морфология**. Морфология в широком смысле—это теория частей речи русского языка, в которой изучаются различные свойства отдельных лексико-грамматических разрядов слов. Морфология в узком смыс-

① Драгунов А. А. Исследования по грамматике современного китайского языка. Т. I: Части речи. М., Л.: 1952. С. 10.

ле изучает типы словесных структур русских слов. Для узкого понимания морфологии в русистике также используется термин **морфемика**. Частеречная обусловленность структур большинства русских слов определяет взаимосвязь узкого и широкого понимания морфологии.

Слово в русском языке представляет собой упорядоченную структуру, компонентами которой являются морфемы или комплексы морфем. Упорядоченность структуры слова связана с правилами построения слова и не зависит от каких-либо свойств морфем, котовые входят в состав слова. Правила построения русского слова связаны прежде всего с его формообразовательными и словообразовательными особенностями. Разные типы словесных структур, формирующие морфемный состав слова, являются результатом реализации поэтапного формального и содержательного сопоставления словоформ и выявления как сходных, так и различных компонентов. Иначе говоря, для установления структуры слова необходимо осуществить несколько достаточно автономных процедур, для описания которых в лингвистике существуют свои основания, методы и системы терминов. Результатом применения этих процедур являются разные типы членения слова, получаемые путем сопоставления различных групп словоформ.

Первая разновидность структурного анализа слова основана на рассмотрении формообразовательного процесса, в результате которого была получена словоформа. На этом этапе используется круг словоформ, объединенных тем, что они являются формами одного и того же слова. Так, сопоставляя словоформу *железном* со словоформами *железный, железного, железному, железная, железную* и т. д., можно выделить общую часть приведенных словоформ *железн-* и компонент *-ом*, отличающих анализируемую словоформу от всех остальных словоформ парадигмы. Первый выделенный сегмент является формообразующей основой слова, от которой образуются все формы этого прилагательного.

Вторая разновидность структурного анализа слова связана с выявлением его словообразовательной структуры. К сопоставлению в данном случае привлекаются однокоренные словоформы, связанные отношениями словообразовательной производности и построенные по существующим в языке словообразовательным образцам и моделям. Например, для описания словообразовательной структуры прилагательного *железный* необходимо соотнести его с однокоренным словом *железо*, являющееся более простым и в формальном, и в семантическом отношении. В результате этого сопоставления вычленяется их общая часть *желез-*, являющаяся производящей основой, и специфический сегмент *-н-*, выполняющий функции словообразовательного средства. Такому же членению поддаются и другие относительные прилагательные с суффиксом *н-* (*каменный, деревянный, бумажный* и т. п.).

Морфемная структура отражает слово- и формообразовательные процессы, поскольку членимая словоформа прежде всего сопоставляется со словоформами из одной парадигмы и со словами из общего словообразовательного гнезда. Однако морфемный анализ обладает дополнительной спецификой, которая связана с кругом сопоставляемых словоформ. Специфической особенностью собственно морфемного анализа является привлечение и сопоставление максимально широкого круга слов и форм слов, находящихся не только внутри словообразовательного гнезда и парадигмы анализируемого слова, но и за их рамками. Морфемная структура многих слов в русском языке не может быть описана только на основе формо- и словообразовательных границ, даже при таком подходе, когда под словообразовательным анализом понимается выявление многоступенчатой деривационной истории производного слова и определение формантов, возникающих на каждом этапе. Так, например, проблема членения слова *гимнаст-ёр-к-а* связана с отсутствием в современном русском языке ранее существовавшего слова **гимнастер* при наличии широкого круга слов с таким суффиксом (*мин-ёр, монт-ёр, шахт-ёр* и т. п.), сопоставление с которыми с одной стороны, а также со словами, называющими предметы одежды, с другой (*футбол- к- а, хоккей-к-а, бейсбол-к-а* и т. п.) позволяет провести морфемное членение и выделить суффикс *к-*.

Кроме того, при собственно морфемном анализе в определенных случаях возникают дополнительные явления, которые невозможно объяснить, оставаясь в рамках формо- и словообразования. Это связано с тем, что при анализе структуры слов не все сегменты соответствуют классическим представлениям о семантике морфемы. Существуют разнообразные типы вычленяемых сегментов слова с неоднозначной семантикой, статус которых неоднократно обсуждался ведущими языковедами. Например, не удается определить значение у элементов, возникающие на стыках основы и аффикса при словообразовании некоторых имен: *-л-, -в-, -ан-* и т. п: *владе-л-ец; пе-в-ец, америк-ан-ский* и др.

В соответствии с тремя названными типами правил построения русского слова выделяется три типа словесной структуры: русское слово имеет собственно морфемную, словообразовательную и формообразовательную структуры.

Упорядоченность словесных структур русских слов проявляется в семантической специализации компонентов структуры. Именно семантическая специализация позволяет дифференцировать морфемы на те, которые связаны с передачей информации о внеязыковой действительности (корень *вод-* в словах *вода, водный, водяной* и т. д. отсылает к известному веществу), и те, которые отсылают к языковым грамматическим характеристикам (окончания *-а, -ый, -ой* в тех же словах).

Упорядоченность словесных структур проявляется не только в чисто семантическом плане, но также и в пространственном, т.е. в порядке следования компонентов словесных структур. Так, применительно к русскому языку, можно говорить о тенденции построения структуры слова, в соответствии с которой словообразовательные элементы располагаются ближе к корню, а формообразовательные компоненты следуют за словообразовательными (*вод-н-ый, стол-ов-ый*)

Для изучения строения русского слова представляется необходимым разрабатать учебно-методический комплекс для китайских учащихся, предназначенный для учащихся филологических специальностей вузов КНР. Предварительная подготовка для работы над комплексом состояла в проведении цикла пробных занятий с учащимися старших курсов бакалавриата Факультета русского языка и литературы Пекинского государственного университета. В качестве первого шага с учащимися проводился подробный разборискусственной фразы, которую Л. В. Щерба предлагал для анализа на лекциях по языкознанию. Эта фраза, ставшая широкоизвестной, звучит следующим образом: «Гло́кая ку́здра ште́ко будлану́ла бо́кра и курдя́чит бокрёнка». Учащимся сразу же сообщалось, что все корневые морфемы в этой фразе заменены на бессмысленные последовательности звуков и, учитывая тот факт, что корневые морфемы в русских словах передают основное лексическое значение слова, можно предположить, что замена корней на бессмысленные последовательности звуков должна сделать эту фразу лишенной какого-либо значения. На следующем этапе анализа вместе с учащимися удавалось выяснить, что общий смысл фразы понятен благодаря реально существующим в русском языке некорневым морфемам. Примечательно, что выполнить задание построить аналогичную фразу с другими искусственными корнями с первого раза не удалось ни одному из учащихся, принимавших участие в эксперименте (4 группы по 10 человек). Иначе говоря, китайским учащимся, обладающим достаточно высоким уровнем владения русским языком, обычно не удается осознать значимость информации, предоставляемой некорневыми морфемами, и порождать самостоятельно правильно оформленные словесные структуры с известными им аффиксами в тех случаях, когда значение корня остается неизвестным. Интерференция с языковой системой китайского языка заставляет китайских учащихся использовать русское слово как единую неструктурированную единицу, что ведет к предсказуемым речевым ошибкам как при порождении, так и при восприятии ими русской речи.

Для продолжение работы над специальным курсом по изучению структуры русского слова китайскими учащимися, в Санкт-Петербургском государственном университете и в Пекинском государственном университете ведется работа по созданию учебно-методического комплекса, с помощью которого китайские студенты, изучающие русский язык в качестве специальности, смогут познакомиться с особенностями формообразования русских изменяемых частей речи, словообразовательными моделями основных частей речи, вопросами членимости производного слова, сложными случаями морфемного членения и интерпретации, а также с возможностями аналогического членения. Все разделы комплекса будут сопровождаться теоретическими комментариями на китайском языке, языковым иллюстративным материалом, упражнениями и итоговыми тестами.

图书在版编目（CIP）数据

语言中的人与世界：北京斯拉夫评论．第2辑 / 隋然 编．—北京：东方出版社，2022.5
（阅读俄国）
ISBN 978-7-5207-2214-8

Ⅰ．①语… Ⅱ．①隋… Ⅲ．①语言哲学—文集②文化语言学—文集③文学语言—文集 Ⅳ．① H0-53

中国版本图书馆 CIP 数据核字（2021）第 100057 号

语言中的人与世界：北京斯拉夫评论

编　　者：隋　然
责任编辑：杨　灿
出　　版：东方出版社
发　　行：人民东方出版传媒有限公司
地　　址：北京市西城区北三环中路 6 号
邮　　编：100120
印　　刷：北京明恒达印务有限公司
版　　次：2022 年 5 月第 1 版
印　　次：2022 年 5 月第 1 次印刷
开　　本：640 毫米 ×960 毫米　1/16
印　　张：14
字　　数：211 千字
书　　号：ISBN 978-7-5207-2214-8
定　　价：58.00 元
发行电话：（010）85924663　85924644　85924641